새로운 모색,
사회적 기업

| 일러두기 |

현행 '사회적기업육성법'에서는 고용노동부로부터 인증을 받지 않은 자는 '사회적기업'이라는
명칭을 사용하지 못하도록 되어 있다(법 19조, 유사명칭 사용금지). 그러나 이 책에서는 용어의 통
일을 위해 인증 '사회적기업'과 일반 '사회적 기업' 모두 구분 없이 '사회적 기업'으로 표기했다.

새로운 모색,
사회적 기업

| 최태원 지음 |

이야기가있는집

이 책을 추천하는 세 가지 이유

사람들에게는 정치학자인 내가 이 책의 추천사를 쓰는 것이 의아하게 보일지 모른다. 그러나 알고 보면 이 책과의 인연은 2010년 1월 하순 스위스 세계경제포럼(World Economic Forum, 일명 '다보스 포럼')으로 거슬러올라간다. 당시 최태원 회장은 사회적 기업에 대해 많은 관심을 가지기 시작했고 다보스 포럼의 여러 참가자들과 격의 없는 토론을 벌인 바 있다. 이 포럼의 교수요원이었던 나 역시 토론 참가자 중 한 사람이었다. 솔직히 당시에는 최 회장이 이렇게 책까지 낼 것이라고는 생각하지 못했는데 이번에 《새로운 모색, 사회적 기업》이라는 저서를 발간한 것을 보고 깊은 감명을 받았다.

이 책을 받아 들고 처음 든 생각은, 기업의 사회적 책임이 화두로 떠오른 이 시점에 시의적절하게 발간된 책이라는 사실이었다. 참으로 설득력 있는 실사구시(實事求是)의 현실적 대안을 제시하고 있다는 점이 더욱 반가웠다.

저자는 빈곤, 환경, 취약계층 고용 등 심화되어가는 사회적 현안을 해결하려면 정부의 개입만으로는 충분하지 않고, '맞춤형 해결사'로서 사회적 기업의 역할이 절실하다고 진단한다. 대부분의 사회적 기업은 사회적 가치 창출에서는 업적을 내지만 재무적 가치 창출에는 한계가 있기 마련이라는 것이다. 이 둘을 동시에 충족시키기 위해서는 사회적 기업 생태계에 변화가 필요하다는 게 저자의 주장이다. 그러려면 무엇보다 이들 사회적 기업의 성과를 측정할 수 있는 객관적 지표를 만들어 평가하고, 이에 기초해 'Social Progress Credit(SPC)'를 하나의 인센티브로 제공해야 한다고 말한다. 한 걸음 더 나아가 이기적 동기에 기초한 인센티브만으로는 한계가 있기 때문에 이타적인 사람들이 사회의 버팀목 역할을 할 수 있는 공동체 정신이 배양되어야 한다는 결론도 함께 제시한다.

이 책을 기꺼운 마음으로 추천할 수 있는 이유는 세 가지다. 첫째, 저자의 철학적 성찰이 돋보인다. 개인이나 기업의 이윤 추구만으로는 행복한 사회를 만들 수 없다는 것을 스스로 깨닫고 '공공선(公共善)'의 창출과 확산을 위해 새로운 대안을 모색하려는 저자의 고뇌가 책 곳곳에 잘 녹아 있다. 특히 공동체 정신과 이타주의의 중요성을 강조하는 대목에서는 저자의 규범적 깊이도 읽을 수 있다.

둘째, '문제 해결 접근법(problem-solving approach)'의 진수를 보

여준다. 저자가 제시하는 'Social Progress Credit'라는 아이디어는 충분히 획기적인 발상이다. '최태원 Credit'라는 별칭을 붙여줘도 무방할 정도다. 더욱이 이러한 접근법이 탁상공론에서 나온 게 아니라 '행복도시락', '행복한학교', '행복나래' 등 저자 스스로가 현장에서 실험한 바를 통해 얻은 통찰이라는 점에서 더욱 큰 의미를 부여할 수 있을 것이다.

마지막으로 자칫 이론적이거나 난해해질 법한 주제를 쉽고 명료하게 설명해준다. 적절한 비유와 용어 해설, 저자의 개인 경험을 곁들인 서술이 쉽지 않은 논의를 원만하게 이끌어나간다.

한국의 대표적 기업인이 자본주의의 새로운 대안을 꿈꾸며 내놓은 행복한 미래 사회의 청사진이라 해도 과언이 아닐 것이다.

문정인(연세대 정치외교학과 교수)

왜 사회적 기업인가

1

사업보국(事業報國), 즉 기업 경영을 통해 국가 사회의 발전에 이
바지하는 것은 일제 강점기와 광복, 한국전쟁 전후의 어려운 시기
에 창업했던 우리 1세대 기업인들이 추구하던 가치 중 하나였다.
거창하게 또는 명확하게 내세우지 않았더라도 그랬다. 적지 않은
분들이 부강한 나라, 행복한 국민을 꿈꾸며 한 손을 보태고자 했다.
국민을 위해 재화와 서비스를 제공하고, 사회를 위해 고용을 늘리
며, 국가를 위해 수출로 외화를 벌어들이는 것에서 기업 경영의 의
미를 찾았다.

우리나라를 일등국가로 만들고 싶은 꿈을 가지셨던 선친께서는
한 걸음 더 구체적으로 나아가셨다. 오래전 우리나라의 산이 대부
분 벌거벗고 있던 시절, 매주 오지의 산을 찾아 손수 나무를 심으시
는가 하면 자연과학과 사회과학 등 기초 학문 분야의 밑거름이 될

인재 육성을 위해 한국고등교육재단을 설립하신 게 그 예다. 당시 나는 곁에서 지켜보면서도 그 작은 나무 한 그루가, 그리고 아직은 어린 인재가 언제 자라서 선친의 꿈을 이뤄줄지 고개가 갸웃거려졌다. 그러나 지금은 수십 미터로 자란 나무가 빽빽한 최고의 숲과 수백 명의 최고 학자들을 보며, 기업과 기업가의 사회적 기여의 의미는 훨씬 더 넓은 것임을 깨닫는다. 수익을 내고, 수출을 하고, 고용을 만드는 것도 사업보국의 길이지만, 당장 수익이 나지 않더라도 장기적으로 보고 사회와 더불어 가치를 키우고 나누는 것 또한 사회 기여의 방법이라는 것을 선친께서는 몸소 보여주셨던 것이다.

이후 그룹 경영을 맡게 된 나는 선친의 경영 철학을 계승, 발전시키고자 했다. 먼저 사업을 안정시키고 또 성장시키는 일에 주력하는 한편 선친이 시작하신 사회 공헌 활동에도 눈길을 돌렸다. 그러면서 기업의 존재 의의에 대해 끊임없이 고민했다. 석유화학, 정보통신, 반도체와 같은 국가 기간산업을 운영하는 만큼 사회적 책임은 더욱 크게 다가왔다. 2004년 우리 기업이 추구하는 가치를 '이익 극대화'에서 '다양한 이해관계자의 행복 극대화'로 바꾼 것도 그 연장선상에서 나온 조치였다.

하지만 경영 환경이 달라졌다. 우리나라는 정부와 기업, 국민의 노력으로 세계 최초로 피원조국에서 원조국으로 변신하는 기적을 이뤄냈다. 반면 빈부 격차, 청년 취업난, 노인 복지 문제 등 새로운 사회 문제가 나타났고, 기업의 사회적 역할에 대한 기대는 갈수록 다양해지고 커졌다.

2

이렇게 바뀐 경영 환경에 대한 고민 끝에 나온 기업들의 대응이 CSR(Corporate Social Responsibility, 기업의 사회적 책임) 활동이다. 기업 역시 사회의 일원으로서 단순한 이익 추구를 넘어 소외 계층 배려, 환경 보호 등 사회 공헌 활동에 나선 것이다.

SK그룹 역시 매년 2,000억 원에 달하는 사회 공헌 비용을 지출하고 있다. 뿐만 아니라 계열사별로는 물론 그룹 구성원들 대부분이 자원봉사와 프로보노(Pro Bono) 활동에 참여하고 있다. 하지만 이렇게 많은 비용과 노력을 들이면서도 아쉬움이 남았다. 지금 하는 일이 최선인지 알 수가 없어서였다. 우리가 하는 일이 사회적으로 어떤 가치를 얼마나 만들어내는지, 사회 문제 해결을 제대로 하는지 아니면 해결하는 척만 하는지, 더 좋은 곳에 자원을 사용할 수는 없는 것인지 등 수많은 질문이 떠올랐다. 비즈니스에 투자할 경우 더 유리한 대상을 찾기 위해 고민하고, 성과를 올리기 위해 열과 성을 다할 뿐 아니라 성과를 측정하고 적정성을 따지기 위해 감사(監査,

Audit)까지 실시하며 추진하는 상황과는 무척이나 대조적이다.

이렇다 보니 CSR 관련 투자는 우선순위에서 밀리기도 하고, 적게 하고도 많이 하는 것처럼 보이고 싶은 유혹이 생기는가 하면, 때로는 실질적 성과보다 홍보 부서가 어떻게 홍보하느냐에 따라 다르게 평가받는 당혹스러운 현상이 나타나기도 한다.

3

나는 이런 문제점을 해결할 수 있는 방안을 고민했다. 선친께서 가르쳐주신 기업 경영 철학을 발전시키려면, 기업 경영 안에서 효율적인 사회 공헌을 의미 있게 지속적으로 수행할 수 있는 방안을 만드는 것이 과제였기 때문이다. 그러던 중 사회적 기업이라는 가능성 있는 해결 방안을 만나게 되었다. 2009년 한 대학교에서 열린 '사회적 기업 국제 포럼'에서였다.

이전에는 사회적 기업이라고 하면 피상적으로 비영리 재단과 비슷하거나 협동조합 같은 것이라고만 여겼다. 그러나 포럼에서 국내외 석학들과 사회적 기업가들의 견해와 경험을 들으면서 사회 문제를 해결하는 데 특화된 조직인 사회적 기업이 CSR 활동을 보다 효과적으로 수행할 수 있는 가능성을 발견했다.

이후 5년 동안 나는 다양한 사회적 기업 활동을 시도했다. 포럼 참여 후 바로 만든 사회적 기업 활동 전담 조직을 비롯해 사회적 기업들의 온라인 네트워크 공간과 사회적 기업 아이디어 공모전을 개최하고 관련 교육 프로그램도 운영했다. 자금이 필요한 사회적 기업을 찾아 지원도 하고, SK 계열사들이 국내외에서 사회적 기업을 창업하거나 창업을 지원하도록 유도하며, 계열사를 사회적 기업으로 전환해보기도 했다.

처음 시작할 당시만 해도 사회적 기업이라는 개념이 생소한데다 이 분야의 전문가도 부족해서 몸으로 직접 부딪히며 스스로 알아나갈 수밖에 없었다. 결코 체계적이라 할 수 없었고 때로는 시행착오를 겪기도 했다. 하지만 이를 통해 사회적 기업이 CSR 활동의 파트너로서의 역할은 물론, 사회 전반의 문제를 해결할 수 있는 잠재력이 있다는 확신을 갖게 되었다.

4

물론 지금의 사회적 기업이 사회 문제 해결의 만병통치약은 아니라고 생각한다. 하지만 사회적 기업이 활성화될 수 있도록 생태계를 조성해줄 수 있다면 사회 문제를 해결하는 데 아주 유효한 방법이라는 것을 자신 있게 말할 수 있다. 때문에 그간의 경험과 고민을 바탕으로 생태계를 조성하는, 즉 사회적 기업을 활성화할 새로운 아이디어를 제시하고자 한다.

바로 사회적 기업이 얼마만큼 사회적으로 가치 있는 일을 하는지 제대로 측정하고 평가해 그에 비례해서 SPC(Social Progress Credit)라는 인센티브를 주자는 것이다. 이 새로운 아이디어로 최대한 많은 사람들이 다양한 사회 문제를 해결할 사회적 기업을 만드는 데 동참해 더 바람직한 사회가 실현되기를 바란다.

다양한 사회적 기업 모델 중에는 사회적으로 매우 가치 있는 일을 하는 데 반해 지속가능성이 떨어지는 모델들도 많이 있다. 이러한 모델을 가진 사회적 기업은 대부분 딜레마에 빠져 있다. 공익성 추구와 지속가능성 간의 상충 문제 때문이다. 즉 사회적으로 가치 있는 일을 지속하기 위해서는 그만큼 수익성을 포기해야 하고, 수익을 더 높이기 위해서는 그만큼 사회적 가치를 희생할 수밖에 없다. 사회에 필요한 기업들이 경영 악화로 문을 닫게 내버려둘 것인가, 아니면 그런 기업들이 더 많은 사회적 가치를 창출하도록 사회가 인센티브를 줘서 지속가능하게 만들 것인가?

이를 해결하기 위해 사회 문제를 더 많이 해결할수록 더 많은 금전적 인센티브가 주어지는 시스템이 도입된다면 더 많은 투자자와 기업들이 사회적 기업에 투자할 만한 매력을 느낄 것이다. 또 기존의 사회적 기업들도 효율성을 높이기 위한 혁신을 할 것이다. 그렇게 된다면 사회적 기업 생태계는 폭발적으로 성장해 더 많은 사회 문제가 해결될 것이다. 말하자면 SPC는 사회적 기업 생태계에 거대한 선순환을 촉발할 수 있는 방아쇠가 될 수 있을 것이다.

나는 2013년 다보스 포럼의 '사회적 영향 투자(Investing for Impact)' 세션에 패널리스트로 참가해서 처음으로 'SPC'라는 명칭을 사용했다. 당시 사회적 기업 생태계 조성과 사회적 기업이 성장·발전하는 임계점(Critical Mass)을 마련할 방안으로 이를 제안했는데, 많은 사람들이 동의하고 지지해주었다. 그래서 부족하지만 그간의 경험과 생각을 여러 사람들과 공유한다면 뒤이어 이 분야를 시작하고자 하는 많은 이들에게 조금이나마 참고가 되고, 설사 내 제안이 틀렸거나 실행 불가능한 것이라 해도 논의 자체가 더 나은 사회를 위한 디딤돌이 될 수 있으리라는 희망에 이 책의 출판을 결심하게 되었다.

5

이 책은 지금 당면한 사회 문제의 확산 속도와 규모가 너무 빠르고 크다는 절박한 상황 인식에서 비롯되었다. 이 밖에도 정부와 기업, 그리고 비영리 단체들이 이미 주어진 환경 내에서는 충실히 제 역할을 하지만 더 크게 나아갈 만한 공간이 거의 없다는 인식도 전제되어 있다. 다시 말해서 절박한 사회 문제 확산을 효율적이고 효과적으로, 또는 지속가능한 방식으로 해결하는 방법을 고민해 나온 산물이 이 책의 내용이라는 뜻이다. 물론 상황 인식이나 전제가 내 생각과 다른 독자에게는 책에 실린 제안이 설득력이 떨어진다고 여길 수 있음을 인정한다.

이 책은 SPC 도입의 필요성과 실현 방안에 관한 부분을 앞세우고, SK그룹이 추진해온 사회적 기업에 관한 경험을 덧붙이는 형식을 취했다. '시작에 앞서'에는 늘어나는 쥐 때문에 고민하는 마을을 다룬 우화를 실었다. 그리고 본문 중간중간에도 이 이야기가 계속 이어질 수 있도록 했다. 전문 작가가 아니기에 이야기를 풀어나가는 게 투박한 감이 없지 않지만, SPC란 낯선 개념을 소개하는 데 숫자를 동원하거나 딱딱한 논리 전개보다는 이야기가 더 적절할 것이라는 생각에 이런 장치를 만들어보았다.

1장에서는 우선 사회적 기업이 왜 필요한지에 대한 존재 의의를 다뤘다. 아직까지도 사회적 기업이란 용어가 우리 사회에서 조금은 낯설다고 여겨져 이해하기 쉽도록 설명해보았다. 따라서 사회적 기업이 등장한 배경과 그 역할에 초점을 맞춰 서술했다.

이어 2장에서는 사회적 역할과 기능에도 불구하고 사회적 기업이 겪고 있는 현실적 어려움을 조명했다. 지속가능성과 사회 공헌 사이에서 딜레마에 빠진 사회적 기업들의 어려움과 새로운 해법의 필요성을 짚어보았다.

3장은 이 책의 핵심이 되는 부분으로, 사회적 기업이 사회 문제를 해결하는 정도를 측정과 평가를 통해 파악하고, 그 가치에 비례해 금전적이든 비금전적이든 인센티브를 제공하는 것이 적어도 유효한 사회 문제 해결 방안이라는 주장을 담았다. 아울러 이 방안이 단기적인 해법일 뿐이라는 한계를 설명했다.

4장에서는 한계점을 보완하는 지속가능한 방안을 소개했다. 또 제도적인 해법만으로는 지속적으로 사회 문제를 해결하는 데 한계가 있기 때문에 헌신적이고 이타적인 사회적 기업가들을 육성하는 방안을 다루면서 이들의 사랑과 헌신이 확산되는 현상을 생각해보았다.

마지막 5장에서는 내 제안의 논거를 제시하는 한편 그간의 사회적 기업을 경영하면서 겪은 경험을 나누기 위해 SK그룹이 설립하고 지원했던 다양한 사회적 기업 중 대표 사례들을 정리해보았다. 그 사례들을 통해 사회적 기업의 어려움과 고민, 그리고 희망을 공유하고 싶었다. 별책으로 제작한 《행복한 동행》을 함께 읽으면 사회적 기업을 이해하려는 분들에게 작은 도움이 될 것으로 기대한다. 특히 '행복도시락'과 '행복한학교'는 다양한 외부 단체들이 파트너로 모여 만든 사회적 기업의 사례다. SK와 함께 고민하고 노력해온 사회적 기업가와 구성원들의 성공과 실패의 기록을 알리고, 어려운 장애물을 혁신으로 돌파하는 사회적 기업의 장점을 소개함으로써 향후 보다 나은 사회적 기업 생태계가 조성되는 데 도움이 되기를 바라는 마음이다.

선친께서 몸소 보여주신 사업보국과 사회공헌 정신을 계승, 발전시켜야 하는 내 인생의 소명을 이제는 사회적 기업에서 찾고자 한다. 그런 의미에서 이 책은 사회적 기업 활동을 한 나의 경험과 고민, 그리고 거기서 발견한 희망과 아이디어를 정리했다는 의미에 더해, 앞으로 사회적 기업 활성화를 위해 헌신하겠다는 일종의 출사표와 같다. 앞으로 나는 영리 기업을 경영하면서 활발한 CSR 활동과 사회적 기업 활성화를 통해 사회 공헌을 하는 방안을 지속적으로 강구할 계획이다.

흔히 기업인이 쓰는 책에는 창업 당시의 고생담과 수차례 위기를 극복하고 성공에 이르기까지의 성공담이 담긴다. 하지만 나는 고생담도 성공 스토리도 자랑할 만한 것이 없다. 오히려 많은 실패담이 있을 것 같다. 그런 만큼 이 책에 담긴 것은 영웅담도 실패담도 아니다. 단지 기업 경영의 가치에 대한 고심과 우리 사회의 문제를 보다 효율적이고 지속가능한 방식으로 해결하는 방법은 무엇일지에 대한 고민의 결과를 정리한 것이다.

생각은 많았지만 정작 현장에서 체득한 교훈을 책으로 정리하는 데는 많은 분들의 도움과 수고가 있었다. 사회적기업팀은 자료 정리에 수고를 아끼지 않았고, 그 외에도 많은 분들이 집필 작업에 도움을 주었다. 일일이 이름을 거명치 못하더라도 이해해주시길 부탁드린다. 그럼에도 불구하고 이 책의 부족함과 허물은 모두 내 책임임을 분명히 해두고 싶다. 관심을 가져주시고 도움을 주신 모든 분들께 감사를 드린다. 특히 누구보다 내게 이 책의 집필을 허락하신 하나님께 감사를 드린다.

2014년 10월

최태원

| 차 례 |

우리가 함께 만들어가는 세상을 꿈꾸며

쥐 때문에 골머리를 앓는 마을이 있었다. 어느 날부터 한 마리, 두 마리 보이기 시작한 쥐가 어느새 너무 많이 늘어나 마을 사람 모두가 고통을 겪어야 했다. 쥐들이 지저분한 하수구를 돌아다니며 병균을 옮겨 마을에 전염병이 발생하는가 하면, 먹이를 찾기 위해 쓰레기통을 뒤지는 것도 모자라 집 안으로 들어와 직접 사람을 위협하는 등 셀 수 없이 많은 문제가 생겼다.

여러 사람들이 쥐를 잡기 위해 다양한 방법을 시도했지만, 오히려 쥐의 번식 속도는 더욱 빨라졌다. 마을이 풍요로워지면서 주위의 농촌 사람들이 마을로 모여들자, 쥐들이 살 수 있는 장소와 먹을거리도 같이 늘어났기 때문이다. 이제 더 이상 쥐의 창궐을 용납할 수 없어 특단의 조치가 필요한 상황이 되었다. 하지만 누가, 어떻게 효과적으로 쥐를 잡을지 알 수 없는 것이 문제였다.

이 마을에는 야생동물의 침입으로부터 마을을 보호하던 사자가 있었다. 사람들을 해치거나 힘들게 키운 농작물을 먹어치우는 야생동물들을 막기 위해 촌장은 잘 길들여진 사자를 들여왔다. 사자의 존재만으로도 야생동물들의 침입은 눈에 띄게 줄어들었다.

쥐 문제가 심각해지자 사람들은 사자에게 쥐를 잡도록 했다. 하지만 사자도 쥐를 잡는 데는 맥을 못 췄다. 덩치가 크다 보니 빠르게 쥐를 낚아챌 수도, 하수구에 숨은 쥐를 잡을 수도 없었고, 지붕으로 쥐가 도망가면 그저 쳐다보며 으르렁거릴 수밖에 없는 형편이었다. 게다가 딱 한 마리밖에 없는 그 사자가 쥐를 쫓느라 바쁘자, 잠잠하던 야생동물들이 다시 침입하기 시작했다. 그렇다고 쥐를 잡고 야생동물도 내쫓기 위해 사자를 더 들여오자니 마을 사람들의 비용 부담이 너무 컸다.

이에 촌장은 다른 대안으로 마을 사람들이 키우던 개를 이용해보려 했다. 하지만 개들은 도둑으로부터 집을 지키는 것이 임무이기 때문에 쥐를 잡으려고 하지 않았다. 간혹 집 안에 들어온 쥐를 잡긴 했지만, 주로 짖어서 집 밖으로 쫓아내기만 할 뿐 집 밖으로 나간 쥐에게는 관심도 보이지 않았다. 아주 극소수이기는 하지만 쥐를 잡는 데 관심이 있는 개도 있었다. 하지만 대부분의 개들이 쥐 한 마리만 발견해도 온 동네가 떠나갈 듯 짖어대는 데 그칠 따름이었다. 결국 시끄럽기만 할 뿐 정작 잡은 쥐는 많지 않았다.

이 이야기에서 야생동물과 쥐는 모두 사회 문제를 가리킨다. 야생동물은 한 마리라도 마을에 침범하면 사람을 해치고 농작물에 많은 피해를 줘서 모든 마을 사람들이 공통적으로 불편을 느끼는 마을 차원의 큰 문제라고 할 수 있다. 즉 국방, 치안과 같은 국가 차원의 문제는 전통적으로 국가가 해결해왔다.

반면에 쥐는 마을이 풍요로워져 많은 사람들이 몰려들면서 나타난 새로운 양상의 사회 문제다. 산업화, 도시화로 인해 빚어지는 각종 사회 문제들, 즉 빚에 쪼들리면서 스펙(spec)을 쌓는 취업 준비생, 외로움에 자살하는 노인 문제 등을 뜻한다. 번식 속도가 엄청난 쥐처럼 이 같은 사회 문제는 꼬리를 물고 생겨나는 한편 영역별, 지역별로도 다양한 형태를 보인다.

여러분이 이 마을의 촌장이라면 새로운 양상으로 늘어나고 있는 쥐 문제에 어떠한 해법을 강구하겠는가? 야생동물을 막는 것이 주임무인 사자를 쓸 것인가? 요란한 소리에 비해 대증요법에 그치는 개들을 동원할 것인가?

쥐가 들끓는 마을의 촌장이 가진 고민은 곧 우리 모두의 고민이기도 하다. 나는 증폭되는 사회 문제를 누가 가장 잘 해결할 수 있을지 오랫동안 고민했고, 마침내 유력한 해결사로서 '사회적 기업'에 주목하게 되었다. 하지만 기하급수적으로 늘어나는 사회 문제의 규모와 속도에 비해 사회적 기업의 숫자는 턱없이 부족하고 이들이 처한 현실은 매우 열악하다. 이들의 숫자를 늘릴 해법을 고민한 끝에 찾아낸 내 나름의 해법이 바로 상(賞), 즉 인센티브였다.

인센티브에는 여러 종류가 있다. 상금을 주는 금전적 인센티브도 있고, 칭찬이나 훈장과 같은 비금전적 인센티브도 있다. 그 지속성과 사회적 효과 면에서 볼 때, 상금은 칭찬만 못하고 칭찬은 자발적인 것만 못하다. 그럼에도 불구하고 금전적 인센티브 제도를 도입해 최대한 많은 사회적 기업을 사회 문제를 해결하는 데 동참하게하자는 것이 나의 제안이다.

나는 새로운 접근을 통해 증폭되는 사회 문제를 제어할 수 있는 사회를 꿈꾸어본다. 이 책은 평소 사회 문제에 대해 고민하고 그 문제를 해결하기 위한 작은 의지를 가진 독자들과 함께 차근차근 해법을 찾아가는 여정을 담고 있다. 여러분 스스로 쥐가 들끓는 마을의 촌장이라 여기고, 과연 내가 제시하는 해법이 실현 가능한지 여부를 이 실험에 직접 동참해 판단해주었으면 한다.

마음의 준비가 되었다면 이제 이 여행을 함께 떠나보자.

사냥개 한 마리로는 멧돼지를 일정한 방향으로
몰아갈 수 없기 때문에 사냥이 불가능하다.
사회적 기업이 사회 문제를 해결하는 것도 이와 비슷하다.
사회적 기업의 숫자가 충분하지 않다면
사회 문제를 해결하는 데는 분명 한계가 있다.

1장

변화가
필요하다

그러던 어느 날, 마을 사람들은 주인이 시키지 않았는데도 고양이가 열심히 쥐를 잡는 것을 알았다. 지켜본 결과 고양이는 사자만큼 힘이 세지 않고 발톱도 크지 않지만, 워낙 날쌔 도망가는 쥐를 놓치는 법이 없었다. 또 쥐를 보면 잡으려고 하기보다는 큰 소리로 짖기에 바쁜 개와 달리 고양이는 몰래 쥐에게 다가가 재빨리 낚아채버렸다.

　게다가 고양이는 사자나 개에 비해 비용도 적게 들었다. 사자 한 마리를 키우는 비용이면 고양이 수백 마리를 키울 수 있을 정도였다.

‘우공이산’으로는 한계

　우공이산(愚公移山)이란 우화가 있다. 《열자(列子)》 ‘탕문(湯問)’ 편에 나오는 이야기다. 북산에 살던 우공(愚公)이라는 노인이 높은 산에 가로막혀 오가기가 불편하자 직접 산을 옮기기로 했다. 그런데 둘레가 700리에 달하는 큰 산의 흙을 퍼 담아서 발해만까지 오가는 데 1년이 걸렸다. 친구가 말리자 우공은 "나는 늙었지만 산은 불어나지 않을 것이니, 대를 이어 일을 해나가다 보면 언젠가는 산이 깎여 평평하게 될 날이 오겠지"라고 했다. 산신령에게 이 말을 전해들은 옥황상제가 산을 멀리 옮겨주어 노인의 뜻은 성취되었다는 이야기다.

우화에서는 단순하지만 꾸준한 노력에 하늘이 감응해 다행히 문제가 해결된다. 하지만 현실의 사회 문제는 그렇게 해서는 절대 풀수 없다. 개인 홀로 해결하려 할 경우의 효율성도 문제지만 무엇보다 사회 문제가 기하급수적으로 늘어나기 때문이다.

지금처럼 사람들이 사회 문제에 대해 위기감과 불안감을 느낀 시기는 별로 없었다. 기후 변화를 초래하는 지구 온난화의 위기감이 지금처럼 절실하게 느껴진 적이 있었을까? 정보화, 글로벌화로 후기 산업 시대로 접어들었다는데 기초적인 삶의 안정이 흔들릴 수 있다는 불안감이 지금처럼 팽배한 적이 있었던가?

이처럼 위기감과 불안감이 커진 이유는 두 가지라고 생각한다.

첫 번째는 실제로 사회 문제의 증폭 속도와 규모가 과거와 비교할 수 없을 만큼 커졌기 때문이다. 특히 개발도상국을 중심으로 급격한 인구 증가와 도시화가 진행되면서 다양한 사회 문제가 도처에서 나타나고 있다. 또한 글로벌화로 국가 간 사회 문제의 연관성이 더욱 커졌다. 이로 인해 과거보다 사회 문제의 파장이 더 빠르고, 더 큰 진폭으로 전 세계로 퍼져나간다.

두 번째는 사회 문제를 해결하기 위한 전통적 접근법이 또 다른 문제를 유발하는 경우가 많아진 탓이다. 사람들이 특정 사회 문제의 해결책이라고 생각했던 것이 원래 문제의 변형을 가져오고, 변형된 문제가 또 다른 문제를 일으키는 사회 문제의 연쇄화, 복합화 현상이 나타났다. 그리고 이로 인해 사회 문제에 대한 단순한 대증요법은 사태를 악화시키는 경우가 적지 않다. 이러한 현상은 튀니지의 재스민 혁명[1]을 포함해 2011년 중동을 휩쓸었던 반정부 시민 혁명의 간접적 원인 중 하나가 미국의 서브프라임 모기지론이라는 사실에서 잘 드러난다.

2008년 9월 15일, 미국 4위의 투자은행 리먼 브라더스가 파산 보호를 신청했다. 신용도가 낮은 저소득층 대상의 주택담보대출을 기반으로 만든 파생 금융 상품의 역풍을 맞은 것이었다. 이후 미국 주가가 폭락하는 등 글로벌 금융 위기가 본격적으로 진행되었다. 그러자 미국 정부는 7,000억 달러의 구제금융 자금을 쏟아붓고, 기준

---

1 중동의 반정부 시위가 재스민 혁명으로 불리는 것은 시위가 최초로 시작된 튀니지의 국화(國花)가 재스민이기 때문이다. 시민들이 독재 정권에 저항하면서 민주화를 추구했다는 점에서 이를 '아랍의 봄(Arab Spring)'이라 부르기도 한다.

금리를 낮추는 등 과감한 확장적 통화 정책을 추진했다. 2012년 9월부터는 무기한으로 양적 완화 정책을 실시했는데, 여기에는 미국뿐만 아니라 EU, 일본 등 대부분의 선진국들이 동참했다. 전 세계적 규모의 유동성 공급 덕분에 글로벌 금융 위기의 충격은 완화됐지만, 산업용 원자재와 식료품 등의 가격 상승을 부채질하면서 물가 급등을 초래했다.

이는 장기 독재 정권의 경제 정책 실패로, 청년 실업률이 30퍼센트가 넘는 중동 주요 국가에서 시민의 생활고를 빠르게 가중시켜 시민 혁명의 도화선이 되었다. 결국 이집트, 리비아 등의 독재 정권들이 붕괴되고, 시리아에서는 4년째 내전이 지속되는 사태가 벌어졌다.

미국발 금융 위기가 제3세계의 '물가 급등'이라는 경제적 문제를 야기했고, 결국은 '반정부 시위 확산과 내전'이라는 정치적 문제로 빠르게 변형되고 증폭된 사례라 할 수 있다.

이처럼 사회 문제가 증가하고 파급되는 속도와 진폭이 크다 보니 과거의 방식으로 사회 문제를 감소시키거나 혹은 더 이상 증가하지 않도록 억제하는 것은 거의 불가능한 일이 되었다. 세계화는 인류에게 엄청난 편익을 가져다주었지만, 그에 따라 증폭된 사회 문제를 글로벌 차원에서 제대로 해결하는 제도적 장치는 아직까지 마련되지 못했다.

나는 이 중 사회 문제의 다양성과 증가 속도에 주목하고자 한다. 예를 들어 최빈국의 빈곤 문제와 선진국의 빈곤 문제는 양상이 다르고 본질도 다르다. 따라서 해법도 달라야 한다. 최빈국의 경우 절대 빈곤이 문제다. 이는 경제 발전이 늦은 탓이기에 복지 차원의 단순한 시혜적 접근은 적절하지 못하다. 반면 선진국의 경우 복지 사각지대와 밀접한 관련이 있는 상대적 빈곤이 더 급하다. 취약계층을 위한 일자리 제공이라는 생산적 복지와 사회 안전망 구축이라는 복지 정책이 국가별로 비중을 달리해 함께 추진되어야 빈곤 문제에 적절한 대응이 가능하다.

이처럼 복합적이고 급증하는 사회 문제를 제때 적절히 해결하기 위해서는 두 가지가 필요하다. 첫째, 다양한 해법이다. 사회 문제가 지역별, 영역별로 다양한 양상을 보임에 따라 그 해법 또한 다양해질 필요가 있다. 둘째, 문제의 다양성과 증대 속도에 맞춰 '해결사'도 늘려야 한다.

이제 이러한 관점에서 기존의 해법들은 어떠했으며, 각각 어떤 한계가 있는지 살펴보자.

맞춤형 해결사가 필요하다

사자는 야생동물의 침범을 막는 데 적합한 해결사다. 하지만 사자는 쥐를 잘 잡지 못한다. 사자는 정부를 상징한다. 정부는 우리 사회의 문제를 해결하는 데 가장 큰 역할을 하지만, 모든 종류의 사회 문제를 효율적으로 해결할 수 있는 것은 아니다. 국방, 외교, 치안, 복지, 교육 등 핵심적 역할을 수행하며 세분화된 사회 문제를 일일이 해결하는 것은 한계가 있으며, 효율적이지도 않다.

기존에는 각종 사회 문제를 공공 영역에서 해결하려 했다. 정부와 비영리 조직이 나서서 많은 노력을 기울였고, 실제 적지 않은 성과를 거두기도 했다. 하지만 이들의 역할만으로 증폭되고 있는 사회 문제를 충분히 해결하는 데는 한계가 있다. 이러한 문제의식을 바탕으로 기존의 사회 문제 해결 방식이 구체적으로 어떠한 한계가 있는지 자세히 살펴보자.

정부: 닭 잡는 데 소 잡는 칼을 쓸 수는 없다

• • • 　정부는 사회 문제 해결이라는 공공의 목적에 맞춰 잘 설계된 조직이다. 따라서 그동안 정부는 사회 문제 해결의 주역으

로, 시장의 불완전성을 보완하는 역할을 해왔다. 정부는 공익성, 공공성, 보편성을 바탕으로 국방, 공공의 안전, 소외계층 지원 등 대규모 사회 문제를 해결하는 데 적합하다. 그러나 사회 문제의 규모가 커지고 다양해지면서, 비용과 효율을 따져보면 과연 정부가 모든 사회 문제를 해결하는 것이 적절한지에 대해 고민이 된다.

정부가 모든 사회 문제를 해결하는 데는 다음과 같은 한계가 있다.

첫째, 현대 사회의 모든 문제에 대해 근본 원인을 찾아내 대응하기란 불가능하다. 국방, 공공의 안전 등 정부가 효과적으로 문제를 해결할 수 있는 영역도 있지만 사회 문제의 양상이 너무나 복잡해졌다. 따라서 예측 가능한 보편적 정책을 추구하는 정부로서는 문제의 성격과 규모에 맞춰 다양하고 탄력적인 맞춤형 해결책을 제시하기가 원천적으로 어렵다.

둘째, 사회 문제를 신속하게 해결하는 데도 어려움이 있다. 정부가 새 정책을 시행하려면 입법이나 예산 편성 절차가 필수적인데, 이 과정에서 상당한 시간이 소요된다. 물론 많은 정부들이 사회 문제에 신속히 대응하기 위한 노력을 기울이고 있지만, 거대한 관료 조직은 신속성보다는 안정성과 합법성을 중시하는 경향이 있기 때문이다.

셋째, 효율성이 낮다는 한계도 있다. 정부의 사회 문제 해결 방식은 공공성 측면에서는 강점이 있지만 효율성 측면에서는 비판을 받는다. 예를 들어 2006년 자신이 설립한 그라민 은행과 공동으로 노벨평화상을 수상한 무함마드 유누스(Muhammad Yunus) 교수는 제3세계 정부에 대하여 "비효율적이고, 느리며, 쉽게 부패하고, 관료적이며, 혁신 능력이 부족하다"라고 비판했다. 모든 정부가 그렇지는 않겠지만 관료 조직은 특성상 갈수록 비대해지는 경향이 있고, 새로운 조직이 만들어질 때마다 여러 기득권이 생겨나기 때문이다. 유누스 교수는 해결에 앞장서야 할 정치 영역이 정부의 효율적인 운영을 방해하고 기득권 집단의 이익을 지키기 위해 사회의 발전을 저해하기도 한다고 지적한다.

비영리 조직과 국제기구: 지속가능성이 관건

• • • 그렇다면 비영리 조직과 국제기구는 어떠한가? 먼저 비영리 조직을 살펴보자. 정부가 시장의 불완전성을 보완하는 역할을 한다면, 비영리 조직은 시장과 정부가 해결하지 못한 사회 문제에 도전한다. 시민 참여를 기반으로 관련 제도 개선을 정부에 요구하고, 사회적으로 필요한 서비스를 사회에 제공하면서 사회 문제를 해결한다. 특히 사회 문제의 실제 현장에 밀착해 빠른 시간 내에 직접적인 처방을 제공하는 데 매우 효과적이다.

하지만 비영리 조직도 혼자의 힘으로 사회 문제를 해결하는 데는 한계가 있다. 가장 큰 한계는 스스로 운영비를 충당하기 어렵다는 것이다. 이를 해결하기 위한 첫 번째 방법은 관대한 개인이나 기업으로부터 매년 기부를 받는 것이다. 하지만 그 때문에 비영리 조직은 새로운 기부자를 찾고, 기존 기부자를 관리하는 데 많은 시간과 자원을 투여해야 한다.

두 번째는 자체 자산을 통한 지속적이고 안정적인 수익 창출 여부다. 하지만 이런 비영리 조직은 극히 일부일 뿐만 아니라 요즘 같은 저금리 상황에서는 자체 기금이 아무리 든든하더라도 자산 운용 수익만으로는 모든 운영비를 충당하기란 매우 어렵다. 또한 그러려면 막대한 초기 기부가 필요한데, 이를 선뜻 기부할 개인이나 기업도 드물다.

세 번째는 정부의 각종 복지 · 사회 서비스 사업을 위탁받아 수행하는 것인데, 이 방법도 현실적으로 문제가 있다. 전 세계적으로 공공 서비스의 민간화(privatization) 정책이 확산됨에 따라 정부 위탁 사업에 비영리 조직이 활발하게 참여하고 있다. 그러나 정부의 재정 부족 문제로 인해 위탁 사업 예산이 양질의 서비스를 제공할 만큼 충분하지 않다. 또한 위탁 관리 · 감독 과정에서 정부의 관료주의가 효과적인 서비스 제공을 방해하는 경우도 많다.

네 번째는 자체적으로 영리 사업을 벌인다 해도 한계가 존재한다. 현실적으로 영리 사업을 잘할 수 있는 역량을 갖춘 비영리 조직은 드물고, 설립의 취지와 목적에 비춰볼 때 그리 권장할 만한 일도 아니다. 또한 사업 수익만으로도 지속가능성을 확보한 비영리 조직이 있다면 그 조직은 사회적 기업 혹은 이에 준하는 조직으로 봐야한다.

이런 이유로 비영리 조직의 지속가능성은 떨어질 수밖에 없다. 사회적 존재 가치에도 불구하고 완벽하게 자립할 수 없다는 한계가 있다는 뜻이다.

나는 1998년부터 한국고등교육재단*의 이사장을 맡아 비영리 조직을 직접 운영해보았다. 재단을 운영하면서 가장 큰 고민거리는 '재단이 새로운 사업을 수행하는 데 필요한 재원까지 안정적으로 충당할 수 있는가' 하는 점이었다. 즉 안정적인 재원 확보가 전제되지 않은 상황에서는 새로운 사업 확장과 기존 사업 축소 사이에서 고민할 수밖에 없었다. 물론 한국고등교육재단은 자체 자산을 보유하고 있고, 해마다 기부금도 많이 받았으며, 자체 사업 수익(임대료 수익)도 있었다. 그런데도 40년간 운영하는 동안 새로운 사업 확장은 결코 쉽지 않았다. 물론 한국고등교육재단보다 훨씬 더 훌륭하게 운영되고 있는 비영리 조직들도 많지만, 안정적인 재원의 마련

한국고등교육재단

한국고등교육재단은 선친인 고(故) 최종현 회장이 세계 수준의 학자를 양성해 국가 발전의 토대를 마련하고자 1974년 설립한 비영리 공익 법인으로, 우수한 인재들을 선발해 세계 최고 수준의 교육 기관에서 박사 학위를 받을 수 있도록 학비와 생활비를 지원해오고 있다. 그 결과 2013년까지 610명의 박사 학위자를 배출했고, 현재 수학하고 있는 인재도 190여 명에 이른다.

해외유학 장학 프로그램 이외에도 대학 특별 장학 프로그램을 운영해 2013년 기준, 재단이 지원한 장학생은 박사 학위자를 포함해 총 3,090명에 이른다. 이와 함께 한학연수 장학제도를 운영해 인문 · 사회과학 전공자들이 한학의 기본 경전과 고전을 익히는 것을 지원하고 있다.

또한 2000년부터 국제학술사업을 시작해 그동안 아시아 각국의 유능한 학자 700여 명이 우리나라에 와서 국내 학자들과 공동 연구를 했다. 중국을 비롯한 아시아 7개국에 17개의 아시아 연구센터(Asia Research Center)를 운영하고 있으며, 베이징 포럼(Beijing Forum)과 상하이 포럼(Shanghai Forum) 등 세계적 수준의 학술 포럼을 지원해 국제 학술 교류 증진에 기여하고 있다.

을 고민하지 않는 비영리 조직은 거의 없으리라 생각된다. 이처럼 비영리 조직은 사회 문제 해결에 상당한 기여를 하고 있지만, 급증하는 사회 문제를 해결하기 위해 새로운 영역으로 사업을 확장하기에는 한계가 있을 수밖에 없다.

다음으로 국제기구를 살펴보자. 국제기구는 제한된 이슈나 지역의 범위를 넘어 전 인류가 주목하고 해결해야 할 사회 문제를 해결한다. UN과 같은 국제기구가 기아, 지역 분쟁, 전쟁과 같은 국제 사회의 문제를 해결하는 데 기여한 바가 큰 것은 사실이다.

특히 UN은 저개발 국가 전반의 빈곤 감소와 사회 개발에 큰 역할을 수행하고 있다. 출범 초기부터 사회발전위원회(The Commission for Social Development)를 설치해 각국 정부에 사회 정책 및 개발에 관한 조언자 역할을 지속해왔고, 2000년부터는 새천년개발목표(Millennium Development Goals, MDGs)[2]를 통해서 2013년까지 전 세계 절대 빈곤층의 규모가 절반으로 줄어드는 성과를 거뒀다. 하루 1.25달러 이하로 생활하는 사람들의 비율이 1990년 47퍼센트에서

2 2000년 9월, 189개국이 참여한 새천년정상회의(Millennium Summit)에서 채택된 새천년개발목표는 2015년까지 전 세계의 빈곤을 반으로 감소시키자는 범인류적인 약속이다. 새천년개발목표는 빈곤과 기아 퇴치, 보편적인 초등 교육의 실현, 양성 평등과 여성 능력의 고양, 유아 사망률 감소, 모성보건 증진, AIDS를 포함한 질병 퇴치, 지속가능한 환경이라는 7개 영역의 목표와 글로벌 파트너십 구축이라는 실천 목표를 합해 총 8개 목표로 이루어져 있다.

2010년에는 22퍼센트로 대폭 줄었으니 세계의 빈곤 인구 중 약 7억 명가량이 극빈 상태를 벗어난 셈이었다.

하지만 최근 선진국이 개발도상국에 지원하는 공적개발 원조 액은 점차 감소하는 추세다. 2012년의 총 공적개발 원조액은 약 1,300억 달러로, 2011년에 비해 4퍼센트가 감소했다. 특히 최빈국 에 대한 공적개발 원조는 2011년에 비해 13퍼센트(260억 달러 감소) 나 줄었다. 그 이유는 국가별 분담금이 줄어들고 있기 때문이다.

세계 경제가 어려워지면서 선진국들조차 자국의 사회 문제 해결 에 필요한 재원을 마련하는 데도 어려움을 겪고 있다. 그렇다 보니 많은 국가들이 공적개발을 위해 분담금을 납부하는 데 부담을 느끼 고 있다. 이에 국가별 분담금으로만 유지되는 UN의 원조 방식이 한계에 다다랐다는 지적이 많다.

또 일부 국제기구는 정부 조직 못지않게 비대해지거나 관료적인 조직 문화를 형성하고 있다. 이에 국제기구가 신속하고 효율적으로 사회 문제에 접근하는 데 어려움이 있다는 비판도 일고 있다.

영리 기업 CSR 활동: 효과성과 지속성의 한계

개는 도둑을 막는 데 적합한 해결사지만, 쥐를 잘 잡지는 못한다. 개는 영리 기업을 뜻한다. 개가 큰 소리를 내지만 쥐를 많이 잡지 못하는 것처럼, 영리 기업 역시 사회 문제를 해결하고 있다고 열심히 홍보는 하지만 근본적으로 해결하지는 못한다.

　•　•　•　정부와 비영리 조직의 한계를 극복하기 위해 영리 기업에게 사회적 책임을 다할 것을 요구하는 목소리가 높다. 영리 기업이 우리 사회에 풍요를 가져다준 것은 사실이지만, 기업 역시 사회를 구성하는 일원으로서 사회 문제 해결에 동참해야 한다는 인식이 확산되고 있는 것이다.

이러한 요구는 국제적인 표준, 규정의 제정으로 나타나고 있다. 2010년 **국제표준화기구**(International Organization for Standardization, ISO)[3]는 기업의 사회적 책임에 관한 규정인 ISO 26000을 발표한 바 있다. 이 국제 표준은 책임성, 투명성, 윤리적 행동 등 기업의 사회적 책임에 관한 7가지 원칙을 제시하고 있다.

현재 이 규정은 인증을 목적으로 만들어진 것이 아니며, 기업이

3　국제표준화기구는 지적 활동이나 과학 · 기술 · 경제 활동 분야의 국제적인 상호 협력을 위해 1946
　　년 설립된 국제기구다. 각국의 공업 규격을 조정 · 통일하고, 물자와 서비스의 국제적 교류를 유도
　　하며, 과학적 · 지적 · 경제적 활동 분야의 협력을 증진하는 것을 목적으로 활동한다. 총 163개 국가
　　의 표준협회로 구성되어 있으며, 농업 · 건설 · 기계공학 · 제조업 · 유통 · 운송 · 의료기기 · 정보통
　　신기술 · 환경 · 에너지 · 품질 관리 서비스 등의 분야에서 18만 4,000여 개의 표준을 설정했다.

지속가능한 발전에 기여하도록 하기 위한 권고 사항이다. 하지만 과거 ISO 9000(품질경영) 국제 표준이 제정된 이후, 유럽연합(EU)이 수입 제품에 ISO 9000 인증서를 요구함에 따라 기업들이 이를 반강제적으로 취득했던 것처럼 반강제화되는 전철을 밟지 않을까 하는 전망도 있다.

물론 국제적으로 공통된 가이드라인이나 인증 제도를 만드는 것은 나름 의의가 있다. 그런데 기업의 사회적 책임에 대한 각국의 사회적 인식과 문화가 다르며, 기업 관행이 다른 만큼 국제적으로 공통된 가이드라인을 만드는 작업은 매우 어렵다.

결국 CSR 활동에 대해 기업 스스로 자신의 활동을 보고하는 형태로 가이드라인이 설정되고 있는 게 현실이다. 그러다 보니 객관적인 지표가 개발되지 않았기에 기업 스스로 피상적인 성과를 보고하는 데 그치고 있다. 예를 들어 한 기업의 CSR 활동은 기부금의 액수, 봉사 활동의 횟수 등으로 보고될 뿐 실제로 기부금이 어떻게 쓰였는지, 봉사 활동을 통해 수혜자에게 어떠한 변화가 생겼는지는 제대로 보고되지 않고 있다. 다시 말해 사회 문제가 얼마나 해결되었는가는 제대로 측정되지도, 평가되지도 않는다.

CSR 활동을 얼마만큼 잘하는지가 제대로 평가되지 않으므로, 일반 국민은 어떤 기업이 잘하고 있고, 어떤 기업이 잘 못하고 있는지 제대로 구분할 수 없다. 결과적으로 제대로 측정되고 평가되지 않으면 진정성을 가지고 사회 문제 해결을 위한 CSR 활동을 하는 기업은 점차 사라지고, '홍보를 위해 CSR 활동을 하는 척만 한다'라고 평가되는 기업들만 더 늘어날 우려가 크다.

이는 레몬 차 문제(Lemon car problem)와 유사하다. 중고차 시장에서 어떤 차가 좋은 차인지 구분할 능력이 없는 소비자가 차의 상태를 의심하여 차 값을 깎으려 하면 판매자는 시장에 좋은 차를 내놓으려 하지 않고, 결국 겉은 번지르르하지만 속은 썩은 중고차(Lemon car)만 중고차 시장에 나오게 되는 것이다.[4]

기업의 CSR 활동도 마찬가지다. 시민들은 어떤 기업이 CSR 활동을 잘하는지 구별할 수 없다. 그 성과를 제대로 측정하고 평가할 기준이 없기 때문이다. 그러다 보니 사람들은 영리 기업의 CSR 활동에 대해 그다지 긍정적으로 여기지 않고, 그렇게 사회적 인정을 못 받으면 진정성을 가지고 CSR 활동을 하는 영리 기업들이 위축되거나 활동을 줄일 우려가 있다. 대신 홍보를 위해 CSR 활동을 형

---

4 '레몬 시장 이론(Market for Lemon)'은 미국의 경제학자 조지 애컬로프(George Arthur Akerlof)가 제시한 것으로, 곯은 레몬을 잘 구분할 수 없는 소비자들이 제값을 주지 않으려 하면 판매자는 좋은 제품을 내놓으려 하지 않아 결과적으로 시장에서 좋은 레몬은 사라지고 사회 전체적으로 효용이 떨어진다는 개념이다.

식적으로 하는 기업이 늘어나면 사회 전체적으로 바람직하지 않다.

영리 기업의 CSR 활동은 다음과 같은 한계가 있다.

첫째, 효과성의 한계다. 기업 본연의 목적이 영리 추구라는 점은 누구도 부정하기 어렵다. 그런 만큼 기업의 CSR 활동은 이윤 극대화가 전제된 상황에서 이루어진다. 따라서 기업의 CSR 활동과 이윤 창출이 상충할 경우, 영리 기업은 대부분 이윤 창출에 도움이 되는 방향으로 움직인다. 최근 들어 많은 기업이 단기적인 이윤 추구보다는 국가 경제에 이바지하는 투자를 늘리고 고용을 창출하기 위해 많은 노력을 기울이고 있지만 아직까지 그 효과를 판단하기는 어렵다. 또한 영리 기업은 사회 문제 해결의 전문가가 아니다. 따라서 기업이 특정 사회 문제에 뛰어들어 직접 행동을 취하는 것이 그 문제를 해결하는 가장 효과적인 방법이 아닌 경우가 많다.

둘째, 지속성의 한계다. 기업의 CSR 활동은 대부분 그 예산을 사회단체에 기부하거나 비영리 조직과의 파트너십 사업에 활용하는 방식으로 이뤄진다. 비영리 조직은 지속적으로 같은 성과를 내기 위해서는 매년 일정 수준 이상의 지원금을 확보해야 한다. 기업이 인플레이션까지 감안해가며 매년 같은 수준을 영원히 지원할 수 있는 이상적인 상황이라면 문제가 없다. 하지만 현실에서는 기업 CSR 활동의 전략 변화로 인해 몇 년간 지속되던 기부가 중단되거나 지원 대상 기관이 변경되는 경우도 허다하다. 그럴 경우 해당 조직이 수행하던 사회 문제의 해결을 위한 활동은 예산 부족으로 상당한 어려움을 겪거나 중단될 수밖에 없다.

이처럼 효과성의 한계와 지속성의 한계라는 두 가지 이유로 기업의 CSR 활동이 만들어내는 효과는 사회 문제 해결을 전문으로 하는 조직이 창출하는 효과에 비해 작을 수밖에 없다. 그러므로 특정한 문제를 CSR 활동을 통해 해결하고자 할 때, 영리 기업이 직접 그 문제를 해결하는 것보다 사회 문제의 '전문 해결사'를 통해 해결하는 것이 더 효과적일 수 있다.

맞춤형 해결사, 사회적 기업

과연 기존 사회 문제 해결의 주체들이 각자의 한계를 극복하는 것은 가능할까? 이에 대한 대답은 "글쎄요"다.

정부가 재정 지출을 늘리고 정부의 역할을 확대하더라도 모든 사회 문제를 해결하는 데는 한계가 있다. 게다가 세계 각국이 사회 복지에 쓰이는 재원 마련에 부심하고 있는 현 상황에서 정부의 재정 지출을 크게 늘린다는 것도 현실적으로 가능성이 높지 않다. 영리 기업이 CSR 활동 비용을 크게 늘리는 것 역시 단기간에 이루어질 수 없는 일이다. 다시 말해 기존에 사회 문제 해결을 담당했던 정부의 역할을 더 증대시키거나, 비영리 조직에 대한 지원을 확대하거나 또는 영리 기업이 CSR 활동을 강화하는 방안은 이미 어느 정도 한계에 다다랐다.

결국 공공성과 효율성, 공공 영역과 시장 영역, 자선 방식과 비즈니스 방식이라는 이분법적인 접근으로 우리 사회의 문제를 해결하는 것은 역부족이다. 이 두 가지 영역과 두 가지 방식을 하나로 합치는 융합을 잘할 수 있는 전문 해결사, 즉 사회적 기업이 필요하다.

|Tip|

SK의 CSR 활동에 대한 나의 고민

2005년에 열렸던 ABC(Asia Business Council) 포럼 중 CSR 세션의 패널로 참가했던 나는 보다 실질적인 활동에 기반한 CSR의 개념 재정립이 필요하다고 생각했으며, 이에 CSR의 정의를 다시 내려보기로 했다. 우선 각 계열사의 CSR 예산과 활동 내용, 또 모든 계열사의 SHE(Safety, Health, Environment, 회사 내 안전·보건·환경 활동) 사례들을 모았다. 노조 활동, 제조물 책임, 인권 사항, 반부패 정책 등과 같이 CSR과 관련지을 수 있는 모든 활동 자료를 수집했다. 자료를 분석해본 결과, CSR 활동이 크게 두 가지로 나누어짐을 알게 되었다. 첫째는 기업이 타인이나 환경에 피해를 주지 않도록, 혹은 더 이상 피해를 키우지 않도록 기업 활동을 하는 것이고, 둘째는 기업 본연의 활동을 통해 창출되는 수익을 바탕으로 사회에 기여하는 기업의 사회 공헌 (Corporate Philanthropy) 활동이다.

각 계열사의 현황을 살펴보니, 첫 번째 개념의 CSR 활동은 비교적 잘 수행해나가고 있었다. 예컨대 무사고 시간 기록을 경신하기 위해 노력하는 한편, 사고의 건수, 종류와 규모 등을 연구해 안전관리 점수를 만들어 활용하고 있었다. 또 이산화탄소 배출 감소를 위해 여러 가지 프로그램들을 운영하는 한편, 연구 개발 활동을 통해 배출 총량을 관리하는 노력도 하고 있었다.

이러한 지속적인 노력에도 불구하고 실행 단계에서 항목 간 예산 분배 기준이나 항목별 목표치 설정의 근거가 부족하거나 아예 없는 등 부실함을 드러내 아쉬움을 느꼈다. 이에 SHE 활동의 증진과 함께 그 성과를 인사 고과에 반영하는 등 강력한 실행 방안을 추진하고, 예산 배분에 대한 타당한 근거도 설정해야 했다. 보다 효율적인 방안을 찾기 위해 구성원들의 창의적인 제안이나 기술 개발 등을 독려하는 노력도 병행할 필요가 있었다.

두 번째 유형의 CSR 활동은 관리 측면에서 개선할 점이 더 많았다. 무엇보다 예산 편성이나 집행의 기준이 없거나 모호했다. 즉 총액만 있을 뿐 항목별 예산 편성도 없었고, 원칙이나 기준이 명확하지 않은 기부, 협찬과 같은 활동이 비용의 대부분을 차지하고 있었다.

더 큰 문제는 기부와 협찬의 규모는 기록으로 남아 있었지만, 그 기부와 협찬이 창출한 효과는 측정할 수 없었다는 것이다. 다시 말해 투입 대비 산출이 얼마인지 아무도 알지 못했다. 결과물의 규모는 고사하고, 무엇을 결과물로 규정해야 하는지에 대한 통일된 기준도 없었다. 따라서 이러한 활동들은 사회적인 실제 성과를 창출한다기보다는 좋은 일을 한다는 이미지를 만드는 데 치우치고 있다는 느낌을 지울 수 없었다.

여기서 나는 수많은 질문들이 떠올랐다.

- SK가 하고 있는 기업 사회공헌 활동은 사회에 진정으로 기여하고 있는 것일까?
- 사회에 기여하고 있다면 얼마나 기여하고 있을까?
- 이러한 기여가 투입되는 비용에 대비해 합당한 결과물(성과)을 낸다고 할 수 있을까?

- 단순한 기부나 협찬, 출자와 같은 것들도 그 결과물을 측정할 수 있을까?
- 어떻게 하면 SK가 투입하는 자원으로 최대한의 사회 문제를 해결할 수 있을까?

하지만 당장 답을 찾을 수는 없었다. 나는 해결 방법을 찾기 시작했고, 사회 문제를 보다 효과적·효율적으로 해결할 수 있는 사회적 기업에 주목하게 되었다.

사회적 기업의 정의와 역할

● ● ● 사실 아직까지 사회적 기업에 대한 보편적이고 명확한 정의는 없다. 각 국가나 사회에서 사회적 기업이 탄생한 배경과 목적에 차이가 있고 발전해온 역사도 달라 사회적 기업계 내에서도 다양한 정의[5]가 존재하기 때문이다.

나는 "사회적 기업이란, 사회 문제 해결을 기업의 목적으로 하면서 스스로 자립하기 위해 영리 활동을 하는 기업"이라고 보았다. 다시 말해 사회적 가치 창출을 목표로 하면서 자립하기 위해 재무적 가치도 창출하는 조직이란 것이다. 물론 이는 논의의 진행을 위해 내 나름대로 책의 목적에 부합하는 정의를 내려본 것이다.

이런 형태의 기업은 최근에 등장한 것이 아니다. 사회적 기업이라는 용어의 등장에 앞서 이미 세계 각국의 역사 속에서 사회적 기업은 다양한 형태로 존재해왔다. 유럽의 경우 19세기 중엽 협동조합에서 그 유래를 찾을 수 있다. 조합원들 스스로 빈곤에서 벗어나기 위한 방법으로 자체 생산한 곡물과 의류를 판매하기 위한 소매점을 개설한 것이 시발점이었다. 한편 미국은 유럽과는 달리 종교 단체나 비영리 조직의 상업적 활동에서 사회적 기업이 시작되었다. 1970년대 종교 단체나 지역 주민들이 바자회에서 직접 제작한 수공예품을 팔거나 비영리 조직이 빈곤층을 위한 일자리를 창출하는 비즈니스를 하면서 사회적 기업의 역사가 시작되었다.

이처럼 유럽과 미국에서 사회적 기업의 시작은 다르지만, 확산 배경은 동일하다. 1970년대 후반부터 1990년대 초반까지 이어진 장기 경기 침체와 급격한 실업률의 증가로 정부의 복지 정책에 큰

---

5 1999년부터 유럽의 사회적 경제 현황을 조사하기 시작한 OECD는 사회적 기업을 "기업적 방식으로 운영되는 일반·공익 활동을 아우르며, 이윤 극대화가 아니라 특정한 경제·사회적 목적, 그리고 사회적 배제, 실업 문제에 혁신적인 해결책을 제시하는 데 주된 목적이 있는 조직이나 활동"으로 정의했다.
사회적 기업이 가장 활성화되었다고 평가받고 있는 영국의 통상산업부(DTI, Department of Trade and Industry)에서는 사회적 기업을 "사회적 목적을 우선적으로 추구하는 기업으로, 주주와 소유주의 이익 극대화를 추구하기보다는 창출된 수익을 사회적 목적 달성을 위해 사업 자체나 지역 사회에 재투자하는 기업"으로 정의하고 있다.
한편 우리나라 사회적 기업 육성법에서는 사회적 기업을 "취약계층에게 사회 서비스 또는 일자리를 제공하여 지역 주민의 삶의 질을 높이는 등의 사회적 목적을 추구하면서 재화·서비스의 생산·판매 등 영업 활동을 수행하는 기업"으로 규정하고 있다.(제2조 제1호)

위기가 닥친 것이다. 유럽의 주요 국가들과 미국에서는 복지 축소와 사회 서비스의 민간화가 진행되었고, 사회 서비스를 제공하던 자선 기관 및 비영리 단체에 대한 정부 보조금이 삭감되기에 이르렀다. 1980년대 이후에는 사회 서비스를 제공하는 비영리 조직들이 정부 보조금의 삭감에 대한 손실을 보전하기 위한 방법으로 서비스를 유료화하는 방식, 즉 사회적 기업 방식을 적극적으로 선택하기 시작했다.

이러한 역사를 가진 사회적 기업은 사회 문제를 해결하는 다른 주체들에 비해 문제를 해결하는 데 더 효과적이다. 그 이유는 사회적 기업이 정부의 공공성과 영리 기업의 효율성이란 장점을 두루 갖춘 융합적인 조직이면서 정부 기능과 시장 기능이 제대로 작동하지 않는 영역의 문제에 유연하게 대응할 수 있기 때문이다. 이를 구체적으로 보면 다음과 같은 강점이 있다.

첫째, 사회적 기업은 장기간에 걸친 효율적인 자원 배분이 가능하다. 기본적으로 사회 문제 해결에 초점을 맞추고 있지만, 자립을 위해 재무적 성과를 내려고 끊임없이 노력한다. 따라서 외부 지원에 주로 의존하는 비영리 조직보다는 주어진 자원하에서 비용 절감, 자원의 최적 배분 등을 통해 더 많은 사회 문제를 해결할 가능성이 높다.

특정 사회 문제를 해결하기 위해 정부가 비용을 지출하면 문제 해결에 동원되는 관련 조직들의 운영비로도 쓰인다. 비영리 조직에 기부한 자선기금도 전액이 모두 수혜자에게 전해지는 것이 아니라 상당 부분은 비영리 조직의 운영비에 사용되는 경우도 적지 않은 실정이다. 물론 자원봉사자들의 도움으로 운영비를 줄이기도 하지만 말이다.

또한 비영리 조직에 기부된 돈이나 영리 기업이 직접 사회 문제를 해결하기 위해 지출한 CSR 비용도 대부분 일회성이어서 회수가 불가능하다. 하지만 사회적 기업은 해당 사회 문제를 해결하는 활동 그 자체를 통해 수익을 창출할 수 있다. 따라서 한번 사회적 기업에 투자된 자원은 한 번에 소비되는 것이 아니라 다시 회수되거나 재투자될 수 있다. 결과적으로 사회적 기업이 가장 적은 비용으로 사회 문제를 해결할 수 있다.

아큐먼 펀드* 사례에서 보듯 비영리 조직에 비해 사회적 기업이 투입 대비 더 많은 사회 문제를 해결할 가능성이 크다. 사회적 기업에 투자한 돈은 투자자가 환수할 수도 있고, 또 다른 사회적 기업에 재투자할 수 있는 재원이 되기도 한다.

둘째, 사회적 기업은 빠르고 유연한 문제 해결이 가능하다. 복잡 다양하고 빠르게 증폭하는 사회 문제를 해결하기 위해서는 신속하

아큐먼 펀드

사회적 투자를 전문으로 하는 중간 지원 기관인 아큐먼 펀드 (Acumen Fund)는 비영리 조직의 자선 방식으로 해결했을 때와 사회적 기업에 대한 투자 방식으로 해결했을 때의 비용 대비 효과를 분석해보았다. 말라리아를 예방하기 위해 저소득층에게 모기장을 무료로 배포하는 자선 단체에 3억 원을 기부했을 때와, 모기장을 제조해 저소득층에게 판매하는 사회적 기업 A to Z Textile에 3억 원을 투자했을 때의 성과를 비교해본 것이다.

비영리 조직이 저소득층에게 모기장을 무료로 나눠주자, 받은 사람들은 공짜로 얻은 것이라 여겨 소중하게 사용하지 않는 바람에 모기장은 금세 무용지물이 되었다. 또 모기장을 배포하는 사람들도 오지 마을까지는 들어갈 엄두를 내지 못했다.

이에 반해 사회적 기업은 투자받은 3억 원으로 모기장을 생산해 저소득층에게 판매했다. 제품의 경쟁력을 확보해야 하는 사회적 기업은 질긴 모기장을 만들기 위해 노력했다. 그러한 품질 혁신으로 모기장의 내구성이 훨씬 더 좋아졌고, 이를 구입한 사람들도 모기장을 소중하게 사용했다. 또한 소매상들은 판매 지역을 확대해 수익을 높이고자 오지 마을까지 들어가 모기장을 판매했다.

아큐먼 펀드의 사례에서 보듯 사회적 기업은 더 적은 비용으로
도 말라리아의 발병률을 낮출 수 있는 가능성이 있다. 그 이유
는 사회적 기업은 비영리 조직에 비해 혁신이 가능하고 시장의
기능을 활용할 수 있어 새로운 방법으로 사회 문제에 접근할 수
있기 때문이다. 따라서 더 적은 비용으로도 더 지속가능하게 사
회 문제를 해결할 수 있다.

게 변화하는 탄력적인 조직이 필요하다. 하지만 정부나 비영리 조
직은 상황에 맞춰 신속하게 변화하기가 어렵다. 반면 사회적 기업
은 시장 변화에 적응하며 생존해야 하는 영리 기업과 같은 효율성
을 갖추고 있기 때문에 환경의 변화에 맞춰 새로운 사업을 개척하
는 등 사회 문제의 증폭과 변화에 가장 신속하게 대처할 수 있다.

셋째, 사회적 기업은 평면적인 사회 문제 해결 방식에서 벗어나
다양하고 입체적인 문제 해결 방식을 강구할 수 있다. 아큐먼 펀드
사례에서 소개된 사회적 기업 A to Z Textile처럼 말이다. 물론 이
사례를 모든 비영리 조직과 사회적 기업의 혁신성을 비교하는 데
적용하기는 어렵다. 그러나 단순히 모기장을 무료로 공급한다는 비
영리 조직의 접근 방식에 비해, 고객과 상품, 지역, 가격 등의 다양

한 상황에 입체적으로 접근하는 사회적 기업이 좀 더 생산적인 성과를 낼 가능성이 높은 것은 분명하다.

프랑스 출신의 세계적 석학 기 소르망(Guy Sorman)은 그의 최근 저서 《세상을 바꾸는 착한 돈》에서 사회적 기업을 경제학자 조지프 슘페터(Joseph Schumpeter)가 말하는 창조적 파괴를 실천하는 주체로 평가했다. 국민의 선택을 받아 국민의 세금으로 운영하는 공공 기관에서는 실험이라는 권리를 행사할 수 없는 반면에 사회적 기업은 혁신적 시도가 가능하다는 이유에서다. 그에 따르면 사회적 기업이 가장 필요한 이유는 바로 혁신적 시도를 하는 것이고, 성공이냐 실패냐는 그다음의 문제라는 것이다.

좀 더 엄밀하게 이야기하자면, 비영리 조직과 사회적 기업이 동시에 존재할 수 있는 영역에서는 비영리 조직에 비해 사회적 기업이 더 효율적이라고 말하는 것이 정확할 것이다. 특히 긴급 재해 복구 같은 돌발적인 상황을 제외한, 사업화가 가능한 영역이라면 사회적 기업의 성과가 장기적으로 비영리 조직의 성과를 월등히 앞설 것이다.

다만 이러한 사회적 기업의 장점이 현실화되기 위해서는 그 장점을 잘 발휘할 수 있는 환경 조성이 필요하다. 일반적인 환경에서는 사회적 기업의 장점인 공공성과 효율성의 조화가 잘 이루어지지 못하고 오히려 충돌하는 경우가 더 많다. 특히 사회적 기업의 지속가능성이 떨어져 공공성 추구에 해가 되는 경우도 있다. 이러한 생태계의 현실적인 한계점에 대해서는 다음 장에서 자세히 설명할 것이다. 아울러 사회적 기업의 장점을 잘 발휘할 수 있는 생태계 환경 조성을 위해서 무엇이 필요한지도 다음 장에서 설명할 것이다.

사회적 기업이 제대로 기능하려면

•　•　•　아큐먼 펀드의 모기장 사례처럼 사회적 기업이 비영리 조직에 비해 사회 문제 해결에 더 효과적인 경우는 많다. 특히 제3세계에서는 적정 기술[6]을 활용한 비즈니스로 사회 문제를 해결하고 수익도 창출하는 사회적 기업이 비영리 조직보다 비용 대비 더 큰 효과를 내는 사례들이 다양하게 나타나고 있다.

하지만 염두에 둬야 할 점이 두 가지 있다. 첫째는 이러한 효과는 사회적 기업의 수가 충분히 많아져야 비로소 발현될 수 있다는 것이다. 시너지 효과나 선순환 효과가 일어나기 때문임은 두말할 필요가 없다. 그러나 사회적 기업이 사회 문제 해결에 비영리 조직 등 다

6　적정 기술(appropriate technology)은 이윤을 목적으로 개발된 기술이 아니라, 제3세계의 사람들도 지속적으로 생산하고 소비할 수 있도록 값싸고 꼭 필요한 기능만을 갖춘 기술을 말한다.

른 해결사보다 효과적일 수 있다고 말한 이유는 단순히 사회적 기업이 기존 문제 해결사보다 더 낫다는 의미가 아니다. 아직 우리 사회에서 사회적 기업이 덜 개발되고 덜 사용된 문제 해결 방법이기에 자원이 투여된다면 상대적으로 효율이 더 클 것이란 의미다.

풀어보자면 정부가 사회 문제 해결에 지출하는 규모는 이미 충분히 크고, 비영리 조직도 사회적 기업에 비해 상대적으로 많다. 따라서 기존 문제 해결사들에 들어가는 추가적인 투자는 새로운 문제 '해결사'의 숫자를 늘리기보다 기존 문제 해결사들의 규모를 조금 더 확대하는 데 활용될 가능성이 높다. 반면 현재 활동 중인 사회적 기업의 숫자와 규모가 적기 때문에 새롭게 투여되는 자원은 대부분 새로운 사회적 기업을 만드는 데 활용될 것이며, 사회 문제 '해결사'들이 늘어난 만큼 사회 문제 해결 가능성이 높아질 것이다. 거듭 말하자면 사회적 기업을 늘리는 것이 급선무임을 잊지 말아야 한다.

둘째로 염두에 둬야 할 부분은 사회적 기업이 다른 사회 문제 해결의 주체들과 협력할 경우 그 효과가 배가될 것이라는 점이다. 나는 사회적 기업이 홀로 모든 문제를 해결할 수 있다고 생각하지는 않는다. 사회적 기업이 모든 영역에서 다른 문제 해결 주체들보다 효과적인 것은 아니기 때문이다. 심지어 사회적 기업 모델을 적용하기가 불가능한 영역도 있다.

'시작에 앞서'에서 보았듯이 마을 전체를 야생동물들로부터 지키는 데는 100마리의 고양이보다 한 마리의 사자가 더 효과적이다. 그리고 집을 지키는 데는 고양이보다는 개가 더 효과적이다. 반면 쥐를 잡는 데는 고양이가 가장 효과적이다. 이처럼 각 주체들이 최고의 성과를 낼 수 있는 영역은 각기 다르다. 심지어 일부 사회 문제 혹은 특정 상황에 따라 기부 방식이 사회적 기업 방식보다 효과적인 경우도 많다.

따라서 사회적 기업이 제대로 기능하기 위해서는 정부와 비영리 조직 등과의 긴밀한 협력이 필요하다. 사회적 기업이 정부, 비영리 조직, 영리 기업과 함께 사회 문제를 해결하는 방식은 일종의 합동 작전에 비유할 수 있다. 마치 사냥개들이 멧돼지를 일정한 방향으로 몰아가면 사냥꾼이 총을 쏘아 멧돼지를 잡는 방식과 같다. 이러한 합동 작전에서도 중요한 점은 사냥개의 숫자가 충분해야 한다는 점이다. 사냥개 한 마리로는 멧돼지를 일정한 방향으로 몰아갈 수 없어 사냥이 불가능하기 때문이다. 사회적 기업과 정부, 비영리 조직, 영리 기업의 합동 작전도 마찬가지다. 사회적 기업의 숫자가 충분해야만 사회 문제의 충분한 해결이 가능한 것이다.

고령층의 건강 증진 문제를 예로 들어보자. 정부는 부양자의 부양을 받지 못하는 저소득층 고령자들이 노인의료복지시설에 입소하도록 하거나, 집에서 요양 서비스를 받을 수 있는 바우처(voucher)를 지원하고 있다. 비영리 조직인 지역 노인복지센터는 정부의 지원과 기부금을 통해 데이케어(daycare) 프로그램을 운영하거나 요양 센터를 운영하고 있다. 또한 저소득층 노인들을 위한 단체 무료 급식 서비스도 제공하고 있다. 사회적 기업은 단체 급식 센터를 이용하기 어려운 독거노인들에게 무료로 도시락을 만들어 배달하기도 하고, 정부에서 지원하는 바우처로 이용할 수 있는 재가 돌봄·요양 서비스를 제공할 수 있다. 이렇게 정부, 비영리 조직, 사회적 기업 세 주체가 협력해 노인 건강을 돌본다면 각 주체가 따로 일을 진행하는 것보다 훨씬 효과적이다. 무엇보다 고령자들의 다양한 특성과 요구에 맞춰 충분한 서비스를 제공할 수 있을 만큼 많은 사회적 기업이 있다면 그 효과는 극대화될 것이다.

《맹자》의 '등문공상' 편에는 각자가 가장 잘할 수 있는 일을 하는 것이 모두에게 좋다는 가르침이 담긴 이야기가 나온다.

농사를 중시하는 허행(許行, 허자)에게 감화를 받은 진상이 맹자에게 물었다. "등나라 왕은 어진 군주이긴 하나 현자는 아닙니다. 훌륭한 군주는 백성들과 함께 농사를 지어 밥을 나누어 먹으며 다스려야 하는 법인데, 그러지 않으니 어찌 현명하다 할 수 있겠습니까?" 이에 맹자는 허자가 베나 비단을 직접 짜서 옷이며 관을 만들어 쓰는지, 또 밥 짓는 가마솥과 밭을 가는 농기구를 직접 만드는지에 대해 물었다. 그러자 진상은 "곡식을 주고 산다"라고 답했다. 맹자는 "농부가 곡식을 주고 농기구와 기물을 사는 것이 도공이나 대장장이에게 해가 되지 않듯이, 도공이나 대장장이가 농기구와 기술을 주고 곡식을 사는 것 역시 어찌 농부에게 해가 되겠는가? 천하를 다스리는 일을 농사지으면서 할 수 있단 말인가? 위정자에겐 위정자의 일이 있고, 백성에겐 백성의 일이 있는 것이다"라고 말했다.

이처럼 정부, 비영리 조직, 영리 기업, 사회적 기업은 나름의 전문 분야가 있기 때문에, 각자의 역량을 최대한 발휘할 수 있는 방식으로 합동 작전을 펼치는 것이 효과적이다. 그리고 사회 문제 해결을 전문으로 하는 사회적 기업이 합동 작전의 선봉에 선다면 사회 문제가 더 효과적으로 해결될 수 있다고 믿는다.

덩샤오핑의 '흑묘백묘론(黑猫白猫論)'을 들어본 적 있는가.
이 정책으로 중국은 개혁개방을 실시하고
경제대국으로 성장할 수 있었다.
기존의 해법으로 해결할 수 없다면
그 문제를 사회적으로 이슈화해 다 함께 문제를
해결할 수 있도록 분위기를 이끌어가야 한다.

2장

사회적 기업에
주목하라

모든 고양이들이 쥐를 잡는 것은 아니었다. 흰 고양이는 쥐를 잡는 것을 즐기는 반면, 검은 고양이는 쥐를 잡지 않았다. 문제는 흰 고양이의 숫자가 적다는 것이었다. 게다가 흰 고양이는 하루 종일 쥐를 잡는 데만 매진할 수 없었다. 굶주린 배를 채우기 위해 생선도 구해야 했기 때문이다. 상황이 이러니 어떤 흰 고양이는 생선을 구하려다 쥐 잡는 것을 잊었고, 어떤 흰 고양이는 쥐를 잡는 데 매진하다 생선을 제대로 먹지 못해 야위고 번식력이 약해졌다. 그러다 보니 쥐를 잡는 데 동참하는 흰 고양이의 숫자가 줄어들 수밖에 없었다.

취약한 생태계

　사회적 기업이라는 전문 해결사를 활용한다고 해서 모든 사회 문제가 단번에 해결되는 것은 아니다. 해결책을 얼마나 큰 규모로, 얼마나 빨리 마련하느냐가 중요하다. 지금까지 우리 사회는 어떤 문제에 직면했을 때, 문제의 원인을 근본적으로 해결하기보다는 그 상황을 단기적으로 모면하기 위한 미봉책만을 강구해온 경향이 있다. 근본적인 치료를 위해서 대대적인 수술이 필요함에도 불구하고 진통제만 계속 투여해온 격이다. 그러다 보니 당장은 문제가 해결된 것처럼 보이지만, 장기적으로는 사회 문제가 증폭되어 문제 해결은 더욱 어려워질 수밖에 없었다.

따라서 사회 문제를 회피하거나 피상적으로 해결하는 것이 아니라, 해결 속도를 높이거나 잉태되는 속도를 늦추는 근본적인 해결책이 필요하다. 아니 실은 이 두 가지가 모두 필요하다. 최소한 문제 해결 속도가 문제가 발생하는 속도보다 늦지 않아야 사회 문제가 더 이상 증가하지 않는다. 그런데 이것은 말처럼 쉽지 않다. 사회 문제가 폭발적으로 증가하고 있는 현 상황에서 그에 맞는 수준의 해법을 찾으려면 해법이 실행되는 속도도 그만큼 빠르고 문제를 해결할 수 있는 능력도 커져야 하기 때문이다.

그렇다면 기존의 사회적 기업만으로 이런 대처가 가능할까? 안타깝게도 그렇지 못하다. 사회 문제를 신속하고 규모 있게 해결하기에는 현재 사회적 기업이 처해 있는 **생태계**[7]가 너무나 취약하다. 우선 사회적 기업의 숫자가 많지 않고, 문제 해결 역량과 규모도 작으며, 이들의 성장과 규모 확대에 필요한 투자 자금 또한 부족하다.

뿐만 아니라 사회적 기업을 지원하는 정부의 정책과 제도 또한 한계가 있다.

내가 사회적 기업 생태계 조성을 목표로 하는 이유 중 하나는 생태계 개념 자체가 지닌 자기완결성 때문이다. 생태계는 생물, 무생물이 서로 영향을 미치며 진화, 발전해나가는 하나의 완결된 구조로서 자생적 에너지를 만들어낼 수 있다. 사회적 기업 역시 외부의 지원 없이도 자생적으로 진화·발전한다는 의미에서 건강한 생태계가 필요하다.

예를 들어 '벤처 기업 생태계'를 보자. 벤처 기업은 당장 돈을 벌지 못하더라도 특정 기술을 가지고 있거나 다수의 잠재적 고객을 보유하는 등의 미래 가치를 통해 새로운 투자자나 인수자가 나타나고, 투자를 받음으로써 자금이 회전돼 자생적 에너지가 발생하는 '벤처 기업 생태계'가 만들어진다.

하지만 현재 사회적 기업 생태계에는 사회적 기업의 숫자도 적고 문제 해결 역량과 규모도 작다. 투자자도 극소수다. 또한 정부의 지

---

7 생태계는 자연과학에서 출발해 지금은 사회과학 전반에 사용되는 개념이다. 자연과학에서 생태계라는 개념은 특정 공간에서 서로 영향을 주고받으며 살아가는 여러 종의 생물과 그들을 둘러싼 무생물, 즉 자연환경을 뜻한다. 이 개념을 사회적 기업 생태계에 적용해보면, 사회적 기업은 물론 사회적 기업과 서로 영향을 주고받는 다양한 사회 주체들을 포함한다. 가령 일반 국민, 정부와 지방자치단체, 민간 기업, 지원 기관뿐 아니라 이들을 둘러싼 각종 지원 제도와 인프라를 포괄하는 개념이다.

원 정책에 의존하는 형편으로, 사회적 기업 생태계가 제대로 작동하고 있다고 보기도 어렵다.

따라서 사회적 기업 생태계도 자기완결성을 갖출 수 있도록 생태계 구성 요소를 제대로 갖출 필요가 있다. 어떤 주체들이 활동해야 하고, 어떤 인프라 혹은 제도가 필요하며, 어떤 동력을 통해 자생적 에너지를 만들어낼 수 있을지 바람직한 설계가 필요한 것이다.

이러한 사회적 기업 생태계의 필요성은 유럽의 경우에도 마찬가지다. 사회적 기업의 역사가 오래된 네덜란드, 프랑스, 영국[8]에서 비영리 조직, 협회, 협동조합, 공제조합, 사회적 기업 등 사회적 경제가 국가 전체 고용에서 차지하는 비중은 각각 11퍼센트, 9퍼센트, 7퍼센트 정도로 기여하는 바가 크다. 하지만 문제는 이 정도의 규모로도 당면한 사회 문제를 해결하기에 충분하지 않다는 점이다. 이는 현재 유럽 각국이 겪고 있는 경제적·사회적 위기가 증폭되는 속도만 봐도 알 수 있다. 즉 사회 문제의 증가 속도에 맞춰 사회 문제를 해결하는 사회적 기업의 역량이 신장되고 있다고 보기는 어

---

8 2012년 기준, 영국에서 스스로를 사회적 기업이라고 인식하는 조직은 35만여 개이며, 이 중 자영업자를 제외한 사회적 기업의 수는 8만 3,000여 개다. 이에 비해 한국 정부로부터 인증받은 사회적 기업과 예비 사회적 기업은 2013년 현재 4,000여 개로 추정되며, 이들의 고용이 국가 전체 고용 시장에서 차지하는 비중은 0.16퍼센트 정도로 추정된다. 이는 정부 인증 사회적 기업은 2011년 기준 평균 25명, 예비 사회적 기업은 일반 중소기업 평균인 4명을 고용한다고 가정한 수치다.

럽다.

그렇다면 사회적 기업을 육성하고 성장시킬 수 있는 사회적 투자는 충분한 것일까? 우리나라의 경우 **사회적 투자**[9] 규모는 매우 부족한 상황이다. 주목할 점은 선진국들이 정부 예산 확보에 어려움을 겪고 있는 상황에서도 계속 정부 주도로 사회적 투자 규모를 늘리고 있다는 것이다. 이는 선진국에서도 사회적 투자의 규모가 사회 문제를 충분히 해결하기에는 부족하다는 의미일 것이다.

사실 영국 등 유럽의 일부 국가를 제외한 대부분의 국가에서 사회적 기업의 토대는 매우 취약하다. 사회적 기업이 등장한 역사도 짧고, 자생적으로 발전할 수 있는 사회적 기반도 아직 걸음마 단계다. 이 국가들에게 사회적 기업의 성장 기반을 구축하기 위해 영국만큼 수십 년에 걸쳐 투자할 여유가 있을까? 더 이상 여유를 부린다면, 아마 그 기간 동안 사회 문제는 해당 국가가 감당할 수 없을 만큼 커져버릴 것이다. 따라서 단기간에 사회적 기업의 숫자를 획기적으로 늘리고, 규모를 혁신적으로 키울 수 있는 방법이 필요하다.

---

9 사회적 투자(또는 임팩트 투자, Impact Investment)란 투자를 통해 얻을 수 있는 재무적 이익보다는 사회적 이익을 더 우선시하는 투자를 말한다. 영국의 경우 사회적 기업에 투자하기 위해 조성된 정부 기금이 2011년 기준 12억 달러(약 1조 2,700억 원)에 달하고, 미국의 경우에는 18억 달러(약 1조 9,000억 원)에 이르고 있다. 한국에서 사회적 기업에 투자하기 위해 조성된 자금은 2011년 42억 원, 2012년 40억 원, 2013년 60억 원으로 3년간 조성된 액수가 총 142억 원이다(J.P.Morgan, 고용노동부 자료 참조).

기존 해법의 한계

각국 정부는 사회적 기업의 영역을 키우기 위한 다양한 해법을 내놓고 있다. 또한 명망 있는 비영리 조직, 연구 기관, 전문가들도 나름의 해법을 제시하고 있다. 하지만 지금까지 나온 해법만으로 사회적 기업의 영역을 획기적으로 확대시켜 우리 사회의 문제에 대한 전문 해결사로 키우기란 어려워 보인다.

기존 해법은 크게 두 가지로 나눌 수 있다.

첫 번째는 정부가 주도적으로 사회적 기업을 육성하기 위한 정책과 제도를 마련하는 정책적 해법이다. 극단적인 경우 정부가 직접 사회적 기업을 인증하고, 인증된 사회적 기업에 보조금을 주기도 한다. 그 정도까지는 아니더라도 사회적 기업에 법인세 감면과 같은 세제 혜택을 주기도 하고, 공공 구매 사업에 사회적 기업이 참여할 수 있는 길을 열어주는 국가들도 있다. 또한 사회적 기업에 대한 투자 규모를 확대하기 위해 정책 금융을 활용하는 국가도 있다.

두 번째는 사회적 기업 영역 혹은 비영리 조직 영역 스스로 사회적 기업 영역을 성장시키기 위한 자구책을 마련하는 것이다. 투자자에게 매력적인 투자처로 보이기 위해 스스로를 혁신하고 역량을 높이기 위해 애쓰는 사회적 기업이 최근 속속 등장하고 있다. 또한 사회적 기업가들을 육성하고, 이들 간에 네트워크를 형성해주며, 교육 프로그램을 운영하는 비영리 조직도 있다.

이처럼 다양한 기존의 해법들은 전 세계적으로 사회적 기업의 영역을 성장시키는 데 분명히 도움이 된다. 문제는 그 성장 속도가 사회 문제의 증폭 속도에 비하면 턱없이 느리다는 사실이다. 그렇다면 기존 해법은 왜 사회적 기업 영역을 획기적으로 성장시키지 못할까?

정책적 해법의 한계

• • •   정부의 정책적 해법이 지닌 한계를 구체적으로 살펴보자.

① 일자리 제공을 위한 인건비 지원 정책의 경우

몇몇 국가에서는 취약계층을 고용한 사회적 기업에 보조금을 지원한다. 예를 들어 영국의 노동통합프로그램(Work Integration Program)은 취약계층의 고용에 대한 보조금을 지급하고 있고, 프랑스도 취약계층을 고용하는 노동통합형 사회적 기업의 인건비를 보조해주고 있으며, 이탈리아도 사업주가 부담하는 취약계층 종업원의 사회보장료를 인건비의 일정 부분까지 면제해주고 있다.

취약계층 고용에 대한 정부의 이러한 지원은 정책 입안자들에게 매우 매력적인 해법으로 활용되고 있다. 사회적 기업에 대한 지원과 함께 취약계층의 고용도 확대할 수 있는 방안이기 때문이다. 사회적 기업 입장에서도 취약계층을 많이 고용할수록 많은 지원금을 받을 수 있기 때문에 적극적으로 이를 활용하려고 한다.

우리나라의 경우 정부의 인건비 지원이 사회적 기업 숫자를 늘리는 데 기여한 것은 사실이다. 하지만 이를 통해 자체적으로 지속가능한 경쟁력을 보유한 사회적 기업을 만들 수 있을지 의문이다. 오히려 인건비 지원이 중단될 경우 운영비 부족으로 문을 닫을 처지의 사회적 기업이 많아질 우려가 크다. 정부의 인건비 지원에 대한 의존도가 높아져 자생력이 약해지기 때문이다. 더 중요한 것은 일자리 확대가 매우 중요하기는 하나 다양한 사회 문제 중 하나일 뿐이라는 점이다. 정부의 지원이 일자리 제공 여부에 따라 이루어진다면 다양한 사회 문제를 해결하려는 사회적 기업은 나올 수 없다.

② 투입 기반(Input-based) 지원 제도의 경우

국가마다 다양한 사회적 기업 지원 정책이 있지만, 대다수 정책의 공통된 특징은 투입을 기준으로 지원이 이루어진다는 것이다. 대표적인 것은 사회적 기업에 대한 기부나 투자에 주어지는 세제

혜택이다. 우리나라의 경우 비영리 법인 형태의 정부 인증 사회적 기업에 기부하면 기부 금액의 일정 수준까지 소득 공제 혜택을 주고 있다. 캐나다도 개인 투자자가 지역사회에 투자할 경우 투자 금액 대비 일정 수준의 소득 공제 혜택을 준다. 미국도 저개발 지역에 투자하는 개인과 기관 투자자에게 투자 금액 대비 일정 수준의 세제 혜택을 준다. 미국의 '저개발 지역 투자자 세제 혜택 프로그램(New Market Tax Credit Program)'은 저개발 지역에 투자하는 개인과 기관 투자자에게 7년간 투자 금액 대비 총 39퍼센트의 세제 혜택을 준다. 이처럼 대부분의 국가에서 사회적 기부나 투자에 대한 세제 혜택은 투입 금액에 비례해 주어진다.

그러면 이 같은 투입 기반 지원 제도만으로 혁신이 가능할까? 결론부터 얘기하자면 벤처 산업에서는 그럴 수 있다. 하지만 사회적 기업 영역에 있어서는 한계가 있다.

벤처 산업 육성을 위한 투입 기반 지원 제도를 마련한 데는 다음의 두 가지 이유가 있다.

첫째, 창업 단계에 필요한 초기 R&D 투자의 리스크를 해소하기 위해서다. 정부가 벤처 창업 단계에 이루어지는 민간 투자 금액에 비례해 세제 혜택을 주거나 매칭 투자를 할 경우 R&D 투자의 리스크가 상당 부분 경감된다. 이를 통해 민간 R&D 투자가 더욱 활성화되는 효과를 거둘 수 있다.

둘째, 기술 투자 단계에서 나타나는 과소 투자 현상을 해소하기 위해서다. 기술 투자를 통해 개발된 신기술은 100퍼센트 기업 내부의 자산이 되기 힘들다. 특히 지적 자산(Knowledge capital)은 복제가 쉽기 때문에 벤처 기업들은 필요한 만큼의 충분한 투자를 하지 않는 경향이 있다. 그럴 경우 혁신이 저해될 수 있기 때문에 정부의 보조금이나 매칭 투자를 통해 투자를 활성화시키려고 하는 것이다.

사회적 기업 영역에서도 이 두 가지 상황은 얼마든지 발생할 수 있다. 창업 단계에서의 리스크는 벤처 기업 못지않게 높고, 투자액의 환수도 불투명하기 때문에 민간 투자가 활성화되지 않는다. 그리고 사회적 기업이 창출하는 공공재적 성격의 사회적 가치 역시 100퍼센트 특정 사회적 기업에 이익으로 귀속되지 않는다. 따라서 사회적 기업 영역에서도 과소 투자 현상이 발생할 수 있다.

이러한 문제점을 해소하기 위해서 투입 기반의 제도적 지원은 공공경제학의 관점에서 충분히 정당화될 수 있다. 하지만 투입 기반 지원 제도만으로는 사회적 기업의 혁신을 끌어낼 수 없다. 벤처 기업의 경우 M&A 또는 기업공개(IPO) 등을 통해 혁신의 성과를 100퍼센트 사유화할 수 있다. 즉 투입 기반 지원 제도만으로도 벤처 기업은 스스로 혁신의 동기를 끌어낼 수 있다.

반면 사회적 기업의 경우 혁신을 통해 달성한 성과, 다시 말해 사회적 가치는 100퍼센트 사유화되지 않는다. 또한 그 성과를 제대로 평가하기 위해서는 전문 인력과 시간 등 많은 자원과 비용이 필요하다. 때문에 정부 입장에서는 관리의 편의상 측정하기 쉬운 투입 기반의 지원만이 이루어지고 있다.

그러나 투입을 기준으로 정책적 지원이 이루어지는 경우에는 지원을 받는 주체가 더 많은 문제를 해결해야겠다는 동기를 부여받기 힘들다. 왜냐하면 사회 문제를 얼마나 해결했는가보다 자원이나 금액이 얼마나 투입되었는가가 중요하기 때문이다. 따라서 정책적 지원이 투입 기준으로 이루어질 경우, 사회 문제 해결에 대한 혁신적인 동기를 유발시키지 못하기 때문에 해결 총량이 획기적으로 늘어나기 어렵다.

사회적 기업 자체 해법의 한계

• • • 사회적 기업 영역 내에서도 사회 문제 해결의 규모를 키우고, 사회적 기업의 숫자를 늘리기 위한 나름의 해법이 논의되고 있다. 여러 단체와 사람들이 다양한 해법을 제시하고 있지만, 여기서는 대표적인 두 가지를 소개하고자 한다.

첫 번째는 인터넷 경매 사이트인 이베이를 창업한 벤처 기업가이자 자선가인 피에르 오미디야르(Pierre Omidyar)가 주창하는 방법이고, 두 번째는 사회적 기업가로서 노벨평화상을 수상한 무함마드 유누스 교수가 주창하는 방법이다. 두 사람의 주장을 비교하기 쉽게 저술, 인터뷰 자료 등을 바탕으로 '오미디야르 모델', '유누스 모델'로 단순화시켜보았다.

오미디야르는 빠르게 증폭되는 사회 문제를 획기적으로 해결하기에는 현존하는 사회적 기업의 문제 해결 규모가 너무 작다고 생각했다. 그래서 그는 사회적 기업 영역에 투자를 적극적으로 유치해야 한다고 주장했다.

오미디야르 모델은 사회적 기업 중에서도 운영 방식이 영리 기업에 가까운 혁신 모델로 평가받고 있다. 오미디야르 모델의 사회적 기업은 영리 기업과 마찬가지로 투자를 많이 받아서 규모를 확대하고 심지어 투자자에게 배당 이익도 돌려준다. 오미디야르가 이러한 모델을 주창하는 이유는 투자자들의 심리를 적극 활용해 사회적 기업의 문제 해결 규모를 획기적으로 늘리기 위함이다.

투자자들은 투자 수익에 집중하는 경향이 있다. 오미디야르는 바로 이 점에 착안했다. 사회적 가치를 창출하는 사업 모델이 투자 수익도 창출할 수 있다면, 더 많은 자본을 유치할 수 있다고 생각한 것이다.

오미디야르는 사회적 기업이 투자 유치를 통해 규모를 확대하면 할수록 더 많은 사회 문제를 해결할 수 있을 것이라고 생각하고 있다. 그의 생각대로 오미디야르 모델은 규모 확대에 용이하며, 그를 통해 많은 사회 문제를 해결하는 데 일조하고 있다.

하지만 오미디야르가 기대했던 것만큼의 사회적 투자를 유치하지 못할 가능성도 배제할 수 없다. 만약 사회적 기업의 투자 수익률이 지속적으로 높아진다면 오미디야르의 기대와 같이 투자금은 계속 증가할 것이다. 그러나 불행히도 현실에서는 투자 수익을 배분할 만큼 이윤을 창출하는 사회적 기업은 극소수에 불과하다. 전 세계적으로 사회적 기업에 대한 관심이 증가하기 시작한 지 10여 년이 되어가지만, 취약계층에 대한 소액 대출 기관을 제외하고는 아직까지 고수익을 달성한 투자 성공 사례는 거의 등장하지 않고 있다. 따라서 오미디야르 모델은 기대만큼 많은 사회적 투자를 유치하지 못할 수도 있다. 그렇게 된다면 사회 문제 해결 규모의 확대도 어려울 수밖에 없다.

더 큰 문제는 어떤 사회적 기업의 투자자들이 투자 수익을 얻는 데만 집중한다면 그 사회적 기업은 사회 문제 해결보다 이윤 추구를 우선시하는 영리 기업으로 변질될 가능성이 높아진다는 것이다. 사회적 기업이라는 간판을 단 기업은 늘어날지 모르지만, 실제로 사회 문제를 해결하는 것과는 멀어질 수도 있다는 이야기다.

오미디야르 모델이 투자를 통해 사회적 기업의 문제 해결 규모를 키울 수 있다는 입장이라면, 유누스 교수는 '이타심'을 통해 사회적 기업 영역의 성장과 혁신이 가능하다는 입장이다. 실제로 그는 이타심에 기반을 둔 기업가의 전형을 보여주면서 많은 사회적 기업가와 젊은이들의 방향타 역할을 하고 있다. 또한 유누스 교수의 명성과 그에 대한 신뢰를 바탕으로 다농, 바스프, 인텔, 아디다스, 유니클로 등 많은 글로벌 기업들이 사회적 기업을 만드는 일에 동참하고 있다.

유누스 모델[10]은 최빈국의 빈곤 문제를 해결하는 유력한 모델로, 소위 극빈층 시장(Bottom of Pyramid, BoP 시장)을 대상으로 한다. 유누스 교수는 오미디야르 모델이 더 많은 수익 창출에만 집중해 발생할 수 있는 부작용을 우려한다. 그래서 기업의 CSR 자금이나 기부 자금처럼 이윤을 바라지 않는 자본으로도 사회적 기업을 키울 수 있다고 주장한다.

여기서 반드시 유념해야 할 것은, 유누스 교수의 주장이 사회적

---

10 유누스 교수가 말하는 사회적 기업은 비영리 단체와 달리 투자금을 회수할 권리가 있는 소유주가 있다. 이 사회적 기업의 소유주는 한 명 또는 그 이상의 개인이며, 독자 소유 또는 합자의 형태로 투자금을 지원한다.

기업은 수익을 창출해서는 안 된다는 의미가 아니라는 점이다. 유누스 교수는 사회적 기업이 만들어낸 이윤이 회사에 잔류한다는 조건하에 이윤 추구가 허용되어야 하며, 그 이윤은 전적으로 사회적 이익을 확대하는 데 사용되어야 한다는 점을 강조한다. 따라서 유누스 모델은 투자자들에게 투자 원금의 상환 말고는 어떠한 경제적 이익도 주지 않는다. 물론 투자 원금의 상환도 투자자들이 원하는 경우에 한정되는데, 대부분 투자 재원은 기업의 CSR 자금이기 때문에 기부금으로 처리된다.

이와 같이 유누스 모델의 사회적 기업은 수익을 창출하지만, 이를 투자자에게 배당하지 않고 사회적 기업에 재투자하는 특징이 있다. 다시 말해 사회적 기업 활동을 통해 발생한 수익과 잉여 자원은 대부분 취약계층의 문제를 해결하는 데 재활용된다.

하지만 안타깝게도 유누스 모델만으로 사회적 기업의 수를 늘리고, 사회 문제 해결의 규모를 늘리는 데는 역시 한계가 있어 보인다. 유누스 모델이 절대적 빈곤 해결에 초점이 맞춰져 있기 때문이다. 그러기에 저개발 국가의 빈곤 문제를 해결하는 데 효과적인 모델인 반면, 선진국의 상대적 빈곤 문제 해결에는 활용하기 어렵다.

또한 유누스 모델은 기업의 CSR 자금이나 이타적인 기부자의 전폭적인 지원이 반드시 필요하지만, 현실적으로 배당을 바라지 않는 이타적인 투자자는 그리 많지 않다. 즉 배당을 전혀 하지 않으면 투자자들이 투자하는 금액도 한정적일 수밖에 없다. 때문에 이타적인 기부자만으로 전 세계의 빈곤 문제를 해결하는 것은 어려울 것이다. 이타적인 집단이 획기적으로 늘어난다면 모를까, 유누스 모델만으로는 사회적 기업의 숫자를 획기적으로 늘리지 못한다. 매우 순수하고 부작용이 적은 문제 해결 방안이지만, 지역과 영역을 넘어서 보편적으로 적용하기는 어렵다.

물론 이는 사회적 기업 모델 대부분의 특징이다. 모든 국가, 모든 사회에 일반적으로 적용되는 사회적 기업 모델을 제시하기는 힘들며, 대부분 특정 지역, 특정 영역의 문제에 특화된 해법에 그치고 있다. 따라서 다양한 사회 문제를 모두 해결하기 위해서는 그만큼 사회적 기업의 숫자가 많아야 하고, 유형도 다양해질 필요가 있다.

|Tip|

오미디야르와 유누스 교수 이야기

오미디야르와 유누스 교수는 누구나 인정하듯 각자의 영역에서 사회에 크나큰 공헌을 한 존경할 만한 분들이다. 하지만 이들은 사회 문제를 해결하는 방법이 서로 다르다. 그 견해 차이를 잘 보여주는 일화가 있다. 이 이야기는 〈뉴요커〉의 기사와 매튜 비숍(Matthew Bishop)의 《박애 자본주의》에 에피소드로 소개되었으며, 영리적 방법을 활용해 사회 문제 해결의 규모를 키우자는 오미디야르의 주장과 이에 대한 유누스 교수의 반박이다.

2004년 11월, 자선 사업가이자 벤처 투자자인 존 도어의 실리콘 밸리 자택에서 벌어진 유누스 교수와 오미디야르의 논쟁은 유명하다. 이날 존 도어의 자택에서는 빈곤국의 은행들이 지방의 소액 금융 기관에 낮은 이자율로 더 많은 돈을 빌려주도록 지급보증을 하자는 도어의 계획을 실행하기 위한 모금 행사가 열렸다.

이 자리에서 오미디야르는 다른 자선 사업가들이 모금한 3,100만 달러의 후원금에 자신의 돈을 보태는 것을 거부했다. 그는 "그라민 은행과 같은 소액 금융 사업이 정말로 사회 문제를 해결할 수 있는 규모가 되려면 비영리 또는 원조 자본만으로는 터무니없이 부족합니다. 자립적인 비즈니스 모델이 아니라 비영리 자본에 의존하는 것은 엄청난 실수예요"라며 모임을 떠나버렸다.

며칠 후 유누스 교수는 〈뉴요커〉와의 인터뷰에서 '사람들이 돈을 벌어야 한다'라는 오미디야르의 주장에 대해 "그들에게 돈을 벌라고 하십시오. 그런데 왜 하필 가난한 사람들에게서 돈을 벌려는 겁니까? 돈은 다른 곳에서 버십시오. 당신은 여기 그들을 도와주러 왔습니다. 그 사람들이 충분히 살이 찌면 그때는 잡아먹든 피를 빨아먹든 상관없습니다. 마음대로 하세요. 그렇지만 그때까지는 그렇게 하지 마십시오"라고 응수했다.

다른 자선가들이 다 기부금을 내는데도 불구하고 오미디야르는 왜 동참을 거부했을까? 그는 이미 대부분의 재산을 사회에 환원하겠다고 약속한 사람이고, 충실히 실천하고 있는 사람이다. 과연 오미디야르의 생각은 무엇이었을까?

오미디야르는 그라민 은행이 투자자들에게 배당을 주는 방식으로 운영된다면, 더 많은 민간 자본을 유치할 수 있어 지금보다 더 많은 사람들을 더 빨리 가난에서 벗어나게 할 수 있을 것이라고 믿었다. 즉 소액 금융 시장에서 사회적 기업이 문제 해결의 규모를 확대시키기 위해서는 더 많은 자본을 유치해 비즈니스를 확장해야 한다고 주장한 것이다.

이에 대해 유누스 교수는 자신의 저서에서 다음과 같이 말했다. "이윤을 추구하는 조직이 가난과 더 성공적으로 싸울 수 있다고 주장하는 사람들도 있다. 하지만 가난한 사람들을 상대로 이윤을 내는 것, 특히 이윤 극대화라는 통상적인 기업 목표를 추구하는 것은 부도덕하다. 이러한 이익은 이웃의 고통으로부터 나온 것이다."

오미디야르 모델과 유누스 모델은 각기 다른 배경과 토대 위에서 발전했고, 꾸준한 성과를 올리고 있다. 또한 두 사람 모두 사회적 기업 영역에서는 훌륭한 롤 모델이 되고 있다. 하지만 두 모델 모두 사회적 기업의 수를 획기적으로 늘리고, 문제 해결 규모를 키워 사회 문제를 충분히 해결하기 어려울 수도 있다.

오미디야르 모델의 경우 사회적 기업의 규모 확대는 가능할지 모르지만, 그 기업들이 충실히 사회 문제를 해결할 것인지 의문이 생길 수밖에 없다. 반면 유누스 모델의 경우 일부 사회 문제를 진정성 있게 해결할 수 있지만, 과연 한정된 수의 사회적 기업만으로 사회 문제 전체를 해결할 수 있을지 의문을 제기하는 사람들도 있을 것이다.

새 술을 담을 새 부대가 필요하다

기존에도 다양한 방법이 시도되었지만, 사회적 기업의 숫자를 획기적으로 늘리는 관점에서 보면 모두 나름의 한계가 있었다. 그렇다면 과연 기존 해법의 한계를 극복할 수 있는 새로운 해법에는 무엇이 있을까?

이를 위해서는 획기적인 방법을 동원해 사회 문제를 줄여나가는 빅 푸시(Big Push)[11] 가 필요하다. 현 시점에서 가장 필요한 것은 최대한 많은 사회적 기업과 사회적 투자 자본이 사회 문제 해결에 동참하도록 하는 것이다. 이를 위해서는 사회적 기업 붐에 버금가는 성장을 위한 환경 조성이 필요하다.

우화에 등장하는 마을의 촌장은 폭발적으로 증가하는 쥐 문제를 해결하기 위한 새로운 방법으로 검은 고양이를 활용하고자 했다. 즉 개체 수는 많지만 쥐를 잡지 않고 있는 검은 고양이에게 생선을 주어 쥐 문제를 해결할 수 있을 만큼 충분한 수의 고양이를 확보하고자 한 것이다. 내가 제안하는 새로운 해법도 이와 같이 인센티브를 제공해 아직 사회 문제 해결에 나서지 않고 있는 보다 많은 수의 기업가, 기업, 조직을 사회 문제를 해결하는 데 동참하게 하자는 것이다.

중국의 덩샤오핑(鄧小平)은 심각한 수준에 도달한 중국의 빈곤 문제를 해결하기 위해 '쥐를 잡는 데 흰 고양이뿐 아니라 검은 고양이도 활용하자'라고 주장했다. 시급히 해결해야 할 문제가 있다면 가

---

11 경제 개발 이론의 하나. 낙후된 경제를 발전 궤도에 올려놓으려면 투자가 발전을 가로막는 경제적 장애를 극복하기에 충분한 정도의 규모와 속도를 갖춰야 한다. 최소한의 임계 수준을 넘을 정도로 정부의 마중물 투자가 규모와 속도를 갖춰야 경제 발전이 비로소 가능하다는 것이다.

능한 방법을 모두 동원해 이를 해결하는 것이 우선이며, 고양이의 색깔을 구분하는 것은 문제를 어느 정도 해결한 뒤에 해도 늦지 않다고 본 것이다.

이와 같은 덩샤오핑의 '흑묘백묘론(黑猫白猫論)'*은 중국이 스스로 개혁개방의 길로 들어서서, 구소련과 같은 몰락의 길을 걷지 않고 경제대국으로 성장하는 중요한 발판이 되었다. 이처럼 심각한 사회 문제를 해결하기 위해 제도의 목적에 100퍼센트 부합하지 않는 방식을 활용한 사례는 과거에도 얼마든지 있었다.

물론 어떤 마을에서는 흰 고양이만으로도 쥐 문제를 해결할 수 있을 것이다. 하지만 쥐가 너무 많아서 흰 고양이만으로는 해결할 수 없는 마을에서는 검은 고양이까지 활용해야 할 것이다. 다시 말하지만 사회 문제가 너무 심각해서 규모 있고 신속한 해법이 필요하다면, 다소 비용이 들더라도 검은 고양이를 동원해서 이를 우선적으로 해결할 필요가 있다.

덩샤오핑의 흑묘백묘론

중국의 지도자인 덩샤오핑은 1979년 미국과의 공식 수교를 맺으면서 "고양이가 검든 희든 그건 문제가 안 됩니다. 쥐를 잘 잡는 고양이가 좋은 고양이입니다"라고 했다.

원래 흑묘백묘론은 1962년 공산당 중앙서기처 회의석상에서 3,000만 명이 아사한 대약진운동(1958년부터 1960년 초 사이에 일어난 노동력 집중화 산업의 추진을 통한 경제성장운동)의 후유증을 치유하고자 처음 제시되었다. 하지만 1966년 문화혁명이 발발하면서 덩샤오핑이 실각하자 흑묘백묘론도 묻혔다. 이후 1978년 덩샤오핑이 복권되면서 함께 부활했고, 1979년 그가 미국을 방문해 중미 수교를 맺을 때 'Black cat, White cat Theory'로 번역되어 세계적으로 알려졌다.

자본주의든 공산주의든 상관없이 중국의 인민을 잘살게 하면 그것이 제일이라는 의미로, 부자가 될 수 있는 사람을 먼저 부자가 되게 하고 이후에 이를 확산하자는 뜻의 선부론(先富論)과 함께 덩샤오핑의 경제 정책을 대변하는 문구다. 덩샤오핑의 이런 주장은 빈곤 문제의 해결이 시급한 상황에서 난국을 타개하기 위해서는 사회적 부를 축적하는 방법으로 시장경제까지도 받아들이자는 취지였다.

하지만 장기적으로는 새로운 해법이 유발할지도 모르는 부작용을 경계해야 한다. 흰 고양이와 검은 고양이는 분명 그 성질에 차이가 있고, 그 차이가 새로운 사회 문제를 유발할 수도 있다. 따라서 당장에는 구별 없이 활용할 수 있을지 모르지만 언젠가는 구별이 필요하다는 사실을 염두에 두어야 한다. 덩샤오핑 시대에는 선부론이 설득력을 얻었지만, 경제 발전을 통해 중국이 중진국 대열에 진입한 후진타오 시대부터는 균형 발전을 추구하는 방향(均富論, 균부론)으로 전환한 것처럼 말이다.

사회적 가치를 창출하는 기업에 일종의 보상을 주는 SPC는
사회적 기업을 확산하는 데 새로운 시발점이 될 것이다.
SPC를 통해 사회적 기업은 본래의 목적을 달성할 수 있고,
적자 기업은 흑자로 전환할 수 있는 계기를 마련할 것이다.

3장

SPC, 더 나은 사회를 위한 '마중물'

촌장과 마을 사람들은 고양이가 사자나 개보다 쥐를 잡는 데 탁월하다는 것을 알게 되었다. 하지만 고양이 중에서도 쥐를 잡는 것을 즐기는 흰 고양이만으로는 쥐의 숫자를 줄이는 게 불가능한 것이 고민거리였다. 생선을 주면 검은 고양이도 쥐를 잡는다는 것을 알게 된 촌장은 쥐를 잡은 숫자에 비례해 생선을 주기로 했다. 우선 쥐 열 마리당 생선 한 마리를 주는 것으로 기준을 만들었다. 그러자 많은 검은 고양이들이 쥐를 잡는 데 동참했다. 쥐를 잡는 고양이의 숫자가 많아질수록 쥐의 숫자도 크게 줄어들었다.

적절한 환경만 갖추어진다면 사회 문제 해결에 동참할 많은 검은 고양이(잠재적 사회적 기업)들이 적지 않다고 생각한다. 단지 이런 가능성을 지닌 사람들이 얼마나 되고, 환경이 어떻게 변화하면 얼마나 많은 사람들이 참여할지 우리가 알 수 없을 뿐이다.

잠재적 사회적 기업가들이 사회적 기업을 창업할 수 있는 적절한 환경은 무엇일까? 잠재적 사회적 기업가들이 창업을 주저하게 되는 걸림돌이 사라지면 되지 않을까 생각한다.

현존하는 사회적 기업들 중에는 지속가능성이 낮은 기업들이 상당수이기 때문에, 이들의 열악한 현실은 잠재적 기업가들로 하여금 창업을 주저하게 만든다. 하지만 기존 사회적 기업들은 정부나 비영리 조직이 하지 못하는 공익적 활동을 열정적으로 수행하고 있기 때문에, 마치 정부가 세금을 활용해 사회 문제를 해결하는 것처럼 이들에게도 금전적인 보상을 해줄 필요가 있다.

사회적 기업이 금전적인 보상을 받아 지속가능성이 높아진다면, 잠재적인 사회적 기업가들도 용기를 내어 사회적 기업을 창업하려고 할 것이다. 따라서 사회적 기업의 수를 획기적으로 늘리기 위해서는 사회적 기업에 대한 금전적인 보상이 필요하다.

하지만 단지 사회적 기업이라는 이유만으로 무턱대고 보상을 해줄 수는 없다. 합당한 기준 없이 보상을 해주게 되면 사회적 가치는 제대로 창출하지 않으면서 보상만 받으려는 기업들이 늘어날 우려가 있다. 따라서 사회적 기업이 창출하는 사회적 가치를 제대로 측정해 그에 비례한 보상을 해주어야 한다. 이를 위해서는 사회적 가치 측정과 평가 기준이 반드시 필요하다.

사회적 가치 측정 · 평가 기준의 마련

사회적 가치 측정 · 평가의 원리

• • •　　많은 사람들을 사회 문제 해결에 동참시키기 위해 가장 먼저 필요한 것은 사회적 가치 측정 기준을 마련하는 것이다. 사회적 가치란 특정 개인이 아닌 불특정 다수에게 혜택이 돌아가는 공공의 가치를 말한다. 즉 개인에게 귀속되는 사적(私的) 가치에 대비되는 개념이다.

우리는 주변에서 개인이 아닌 사회 전체에 귀속되는 사회적 가치의 실례를 흔히 찾아볼 수 있다. 공원, 길가의 가로수 등 누구나 무료로 혜택을 누릴 수 있는 공공재는 바로 사회적 가치를 만들어내는 좋은 예다. 정부가 재정 지출을 통해 교량을 지었다고 가정해보자. 건설업체가 정부 발주 사업에 참여해 벌어들인 수익은 해당 업체에 귀속되는 사적 가치다. 반면 그 다리를 무료로 이용하는 일반인들이 얻게 되는 편익은 사회적 가치다. 그 다리를 이용해 특정 산업이나 특정 지역의 경제가 활성화되었다면 그 역시 사회적 가치가 창출된 것이다.

사회적 가치는 영역에 따라 다양하게 정의할 수 있다. 취약계층에게 일자리를 제공하는 사회적 기업이라면 일자리 제공 그 자체가 사회적 가치가 된다. 환경 문제를 해결하려는 사회적 기업이라면 환경 오염의 감소, 혹은 예방이 사회적 가치다. 장애인이나 노인에게 복지 서비스를 제공하는 사회적 기업은 해당 서비스로 인한 수혜자의 건강 증진, 혹은 삶의 질 향상 등이 사회적 가치가 될 것이다.

이와 같이 사회적 가치는 다양한 사회 문제를 해결하는 과정에서 창출되는 공공적 가치다. 이 책은 사회 문제를 해결하는 방법론에 초점을 맞추고 있기 때문에, 사회 문제 해결을 통해 다수의 사회 구성원에게 혜택을 주는 일을 사회적 가치가 있는 일로 정의하고자 한다.

사회적 가치는 다양하고 크기도 각기 다르다. 예를 들어 사회 문제를 해결한다는 것은 근본적으로 그 문제를 없애는 것부터 이미 발생한 문제가 또 다른 문제로 이어지는 것을 차단, 예방하는 것까지 포함한다. 또한 사회 문제에는 심각한 것이 있는가 하면, 상대적으로 덜 심각한 것도 있다. 문제의 양이 많은 것도 있고 적은 것도 있다. 따라서 사회적 가치가 크다는 것은 그만큼 심각한 사회 문제를 해결했거나, 혹은 특정 문제를 근본적으로 없앴거나, 혹은 많은 양의 문제를 해결했다는 것을 뜻한다고 볼 수 있다.

이처럼 사회적 가치의 성격과 크기가 다양하기 때문에 이를 정의하는 것도, 평가하는 것도 매우 어렵다. 따라서 우리가 이미 알고 있는 재무적 가치와 대비해 사회적 가치를 설명하는 편이 이해하기가 더 수월할 것이다.

A 기업은 1억 원을 투자해 일반적인 상품을 개발하고 이를 판매해 2,000만 원의 순이익을 얻고, B 기업은 1억 원을 투자해 친환경적인 상품을 만들어 판매하고 1,000만 원의 순이익을 얻었다고 하자. 환경 문제는 전 세계적으로 심각한 사회 문제로 인식되고 있지만, 영리 기업의 입장에서는 보다 많은 수익을 올리기 위해 친환경 재료보다는 저렴한 재료를 선택하는 일이 다반사다. 또한 생산 공정도 친환경적이려면 일반 공정보다 비용이 많이 들기 때문에 친환경 제품은 일반 제품보다 가격이 더 높아질 수밖에 없다. 그러니 B 기업이 A 기업보다 상대적으로 수익이 적을 가능성이 높다.

일단 우리는 A 기업과 B 기업의 재무적 가치를 투자금 1억 원과 순이익 각각 2,000만 원, 1,000만 원이라는 화폐 가치로 측정할 수 있다. 투자수익률(Return on Investment, ROI = 순이익/투자금)을 따지자면, A 기업은 20퍼센트, B 기업은 10퍼센트다. 투자자 입장에서 투자수익률이 20퍼센트인 A 기업이 투자수익률이 10퍼센트인 B 기업보다 무조건 좋은 기업이다. 따라서 1억 원을 투자한다면 투자자는 당연히 A 기업을 선택할 것이다.

하지만 다음과 같은 상황을 가정해보자. A 기업과 달리 B 기업은 친환경 재료를 사용해 제품을 생산하고, 친환경적인 생산 공정을 도입해 수익이 적더라도 환경 문제를 해결하기 위해 노력하고 있다. 그렇게 보면 B 기업은 A 기업보다 더 많은 사회적 가치를 창출했다고도 볼 수 있다. 사회적 가치 측정 방식이 마련되었다는 전제하에 A 기업의 사회적 가치는 0원, B 기업은 2,000만 원이라고 가정해보자. 이 경우 두 기업의 **사회적 투자수익률**(Social Return on Investment, SROI = 사회적 가치/투자금)[12]은 A 기업이 0퍼센트, B 기업이 20퍼센트다.

결국 A 기업은 재무적 투자수익률이 20퍼센트이고, 사회적 투자수익률이 0퍼센트인 기업이다. 반면 B 기업은 재무적 투자수익률이 10퍼센트, 사회적 투자수익률이 20퍼센트인 기업이다.

재무적 가치뿐 아니라 사회적 가치를 함께 측정한 상황에서도 A

---

12 SROI(Social Return on Investment)는 앨 고어(Al Gore) 미국 전(前) 부통령의 비서이자 프리랜서 연구자인 제드 에머슨(Jed Emerson)과 REDF(Roberts Enterprise Development Fund, 고용형 사회적 기업에 직접 투자하는 미국의 민간 재단)가 1998년부터 2000년에 걸쳐 공동 개발한 대표적인 사회적 가치 측정 도구다.
SROI는 영국의 사회적 기업 부문을 중심으로 확산되어 현재는 영국과 유럽의 사회투자 부문에서 활용되고 있다. 주로 영국의 제3섹터 전문 연구소인 NEF(New Economic Foundation)의 주도로 매뉴얼 개발, 포럼 운영, 교육 사업, 측정 및 평가 프로젝트 등을 수행한다. 최근에는 'The SROI Network'를 설립해 전문가 인증, 보고서 검증, 교육 훈련 사업, 국제 네트워킹을 진행하고 있다. 하지만 NEF의 SROI는 중복 측정의 오류를 범하거나 사회적 비용을 과소 평가한다는 비판을 받고 있다. 이에 따라 보다 간소하게 사회적 가치를 측정할 수 있는 방법이나, 사용 목적에 따라 추가적인 보조 지표들을 활용하는 방법 등도 개발되고 있다.

기업이 B 기업보다 더 좋은 기업이라고 말할 수 있을까? 특히 환경 문제와 같은 사회의 지속가능성을 고려한 장기적인 관점에서 A 기업이 B 기업보다 더 우월하다고 얘기할 수 있을까? 선뜻 대답하기 어려울 것이다. 환경 친화적인 지속가능한 사회를 만드는 데 있어서는 사회 문제를 해결하는 B 기업이 그렇지 못한 A 기업보다 더 가치 있는 기업일 수 있기 때문이다. 비록 B 기업이 A 기업보다 재무적 가치가 낮지만, 재무적 가치와 사회적 가치의 총합을 산정할 경우 결과는 이처럼 달라질 수 있다.

지금까지는 사회적 가치를 측정하는 표준화된 기준이 없었기 때문에 B 기업이 지속가능한 사회를 만드는 데 더 가치 있는 기업이라고 단정할 수 없었다. 심지어 재무적 수익만을 추구하는 투자자들에게는 A 기업이 B 기업보다 당연히 매력적인 투자 대상이었다. 따라서 사회적 가치를 제대로 측정해야 어떤 기업이 더 바람직한지 종합적으로 판단할 수 있게 된다. 그리고 그래야만 환경 문제를 비롯한 증폭되는 사회 문제를 해결하기 위해서 어떤 기업을 더 육성해야 하는지 그 답을 찾을 수 있다.[*]

물론 이러한 예를 읽은 뒤에도 아직 사회적 가치 측정의 필요성에 의문을 갖는 사람들이 있을 수 있다. 개념 자체도 낯설지만 사회적 가치의 기준이 마련되지 않아서 측정도 어렵고, 자의적으로 평

Double bottom line

Double bottom line이란 표현은 영리 기업의 사회적 책임 활동을 평가할 때 사용되는 표현이다.

전통적인 주주 관점(Shareholder approach)에서 영리 기업의 성과는 재무적 이윤(Financial profit)으로 평가된다. 재무적 이윤은 재무제표의 맨 아래칸에 위치하기 때문에 Bottom line(최종 결산 결과)이라 불리는데, 주주 관점에서 재무적 가치가 가장 중요한 고려 사항이므로 이를 Single bottom line이라 부르기도 한다.

하지만 기업의 사회적 책임이 강조되고, 기업에 대한 관점이 주주 관점에서 이해관계자 관점으로 변화되면서 재무적 가치 이외에 사회적 가치가 주목받기 시작했다. 즉 두 번째 Bottom line은 기업이 얼마만큼의 사회적 가치를 창출했는지(Performance in terms of positive social impact)를 고려하는 것이다. 이는 단기적이고, 회계연도별로 계상되는 재무적 가치와는 명백하게 구분되는 개념이다. 이해관계자 관점에서 기업의 성과를 재무적 가치와 사회적 가치 두 가지로 동시에 평가한다는 측면에서 이를 Double bottom line이라 부른다.

Double bottom line은 재무적 가치와 사회적 가치를 동시에 고려한다는 측면에서 사회적 기업의 속성을 정확하게 묘사하는 표현이다. 따라서 최근에 이 표현은 사회적 기업을 표현하는 데 널리 활용되고 있다. 예를 들어 Double bottom line 기업이라고 하면, 재무적 가치와 사회적 가치를 동시에 추구하는 사회적 기업을 의미한다. 이러한 표현은 글로벌 영리 기업은 물론 UN과 같은 국제기구, 록펠러 재단과 같은 영미권의 주류 사회적 투자기관에서 널리 사용되고 있다.

한편 1990년대에는 Triple bottom line이란 표현도 사용되기 시작했다. 두 번째 bottom line인 사회적 가치를 사회적 가치와 환경적 가치로 세분한 것이다. Triple bottom line은 '세계환경개발위원회(World Commission on Environment and Development, WCED)'가 발표한 '지속가능한 개발(Sustainability Development)'이라는 개념을 보다 구체화하기 위해 도입되었다. 기존의 지속가능한 개발의 개념이 환경적인 측면에 치우쳤던 반면, Triple bottom line은 환경만이 아닌 기업의 사회적 책임을 포함했다. 이후 많은 기업들이 지속가능 보고서를 Triple bottom line의 원리에 맞춰 작성하고 있다.

이처럼 Bottom line을 세분화하면서 기업의 가치를 평가하는 데 있어서 재무적 가치와는 명백하게 구분해 사회적 가치를 고려하게 되었다. 하지만 사회적 가치라는 개념이 추상적이고 측정하기가 매우 어렵기 때문에 현실적인 적용에 대한 고민은 여전히 남아 있다.

가할 수밖에 없다는 한계를 가지고 있기 때문이다. 이제 많은 사람들이 사회적 가치의 측정을 낯설어 하고 어려워하는 이유를 친환경 제품 생산 사례를 통해 살펴보자.

시장에 가면 우리는 친환경 제품을 흔하게 볼 수 있다. 그런데 소비자들은 그저 특정 제품이 친환경 제품이라는 막연한 정보만을 가지고 있을 뿐, 친환경 제품이 다른 일반 제품에 비해 얼마만큼의 사회적 가치를 창출하는지 알지 못한다. 기업 역시 제품에 '친환경' 표시를 하는 데 그치는 경우가 많다. 그저 친환경 표식을 획득하기만 할 뿐, 해당 제품이 구체적으로 어떤 환경보호 효과가 있는지 또 얼마나 효과가 있는지를 소비자들에게 세세하게 알리려는 노력은 소홀히 하는 것이 현실이다.

그 이유는 첫째, 대부분의 소비자들이 친환경 제품이 일반 제품에 비해 좋다는 인식은 당연히 받아들이면서도, 과연 얼마만큼 좋은지를 측정하는 문제는 아예 생각해보지 않았거나 무지한 경우가 대부분이기 때문이다. 또 환경적으로 좋고 나쁘다를 경제적으로,

특히 금전적 가치로 그 크기를 측정한다는 데 대해서 심리적 거부감을 가진 사람도 있다.

둘째, 사회적 가치를 측정할 수 있는 과학적이고 객관적인 기준이 마련되어 있지 않기 때문이다. 우선 친환경 제품이 일반 제품에 비해 어떤 기준에서 사회적 가치를 더 많이 창출하는지 분명하지 않다. 천연림을 훼손하지 않고 폐지만을 사용해 종이를 만드는 기업이 있다고 가정해보자. 친환경 종이를 만드는 것이 얼마나 많은 사회적 가치를 창출하는지 측정하고자 할 때, 천연 펄프를 사용해 종이를 생산하는 업체를 기준으로 해야 할지 아니면 종이를 아예 사용하지 않는 전자문서관리 시스템을 개발하는 업체를 기준으로 해야 할지에 따라 그 가치가 커질 수도 작아질 수도 있다.

사회적 가치를 측정할 때, 기준을 어디에 두느냐에 따라 결과가 완전히 달라질 수 있다는 이야기다. 더 파고들면 일반인들에게는 이러한 기준을 과학적이고 객관적으로 정하는 것 자체가 상당히 낯선 접근 방식이다. 따라서 이는 앞서 말한 심리적 거부감이 생기는 원인이 되기도 한다.

셋째, 사회적 가치의 측정 기준에 합의한다고 해도 결과를 정량적으로 표현하는 것은 어렵기 때문이다. 예를 들면 어떤 제지 회사가 친환경 종이를 만들어 천연림을 보존하고 이산화탄소 발생량을 연간 몇만 톤 줄였다고 광고하지만, 그 가치를 금전적으로 환산하기는 쉽지 않다. 당연히 일반인들은 그 회사가 얼마나 많은 사회적 가치를 창출했는지 확실히 알기 어려워 그저 단순히 '환경에 좋은 일을 했구나'라고 생각하는 데 그친다. 이처럼 사회적 가치를 측정한다는 것은 낯설기도 하고 어렵기도 한 주제다.

사회적 가치 측정에 거부감을 주는 앞의 세 가지 요인에도 불구하고 사회적 가치 측정은 더 이상 미룰 수 없는 문제다. 날이 갈수록 빠르게 증폭되는 사회 문제를 해결하기 위해서는 어떠한 해결 방법이 더 효과적인지 비교할 수 있어야 하고, 보다 효과적인 방법으로 자원을 효율적으로 배분해 성과를 극대화할 판단 근거가 있어야 한다. 객관적인 사회적 가치 측정이 반드시 필요한 이유다.

객관적이고 신빙성 있는 사회적 가치의 측정이 이루어지려면 세 가지 요소를 갖추어야 한다. 기업의 사회적 활동을 측정하려는 사회적 합의와 사회적 가치를 측정하고 평가할 수 있는 기준, 그리고 측정 결과를 객관적으로 보여줄 회계 자료가 그것이다.

① 최종 성과와 가장 잘 연계된 산출 지표의 활용

이제 사회적 가치를 어떻게 측정할 것인지에 대해 알아보자. 이와 관련한 첫 번째 질문은 '무엇을 측정할 것인가'다. 이에 대한 답을 찾기 위해서는 사회적 가치가 만들어지는 과정을 이해해야 한다.

일반적으로 사회적 가치 창출은 '투입(Input) → 산출(Output) → 최종 성과(Outcome)'의 3단계로 이루어진다. 투입은 사회적 기업에 투자된 자금을 의미하고, 산출은 1차적으로 발생한 실행 결과이자, 최종 성과를 달성하도록 하는 일종의 수단이다. 그리고 최종 성과는 사회 문제가 해결된 정도를 뜻한다.

예를 들어 결식아동에게 도시락을 공급하는 사회적 기업이 있다고 하자. 이 기업의 '투입'은 무엇일까? 도시락 업체의 투입은 초기 투자비와 통상적인 영업 활동을 위한 가변 비용으로 나눌 수 있다. 초기 투자비는 시설 투자비 등을 의미하고, 가변 비용은 도시락의 재료비와 인건비, 배송비, 연료비 등을 포함한 운영비로 볼 수 있을 것이다. 그렇다면 '산출'은 무엇일까? 만약 재무적 가치를 측정하려 한다면 매우 쉬울 것이다. 도시락 업체의 매출액이나 영업이익을 측정하면 될 테니 말이다. 또한 단순한 활동 결과로 '산출'을 측정한다면 '몇 개의 도시락을 생산해 배달했는가'가 기준이 될 수 있을 것이다.

그런데 사회적 가치를 측정하려 한다면 그리 간단하지 않다. 사회적 가치는 사회 문제가 해결된 정도인 '최종 성과'를 기준으로 하는 것이 가장 바람직하다. 하지만 '최종 성과'는 너무 추상적이거나 거시적 현상인 경우가 대부분이다. 이 사회적 기업의 궁극적인 목적이 결식아동에게 적절한 영양을 섭취할 수 있는 음식을 공급해 그들의 건강을 증진하는 것이라면 해당 사회적 기업의 최종 성과는 '결식아동의 건강 증진'이 된다. 문제는 수혜자들의 건강이 어느 정도 좋아졌는지를 숫자로 측정하기가 어렵고, 그 성과 또한 단기간에 나타나지 않는다는 사실이다.

상황이 이러니 비교적 측정하기 쉬운 '산출'에 초점을 맞춰 측정하는 것이 현실적이라고 생각할 수 있다. 단순하게는 몇 개의 도시락이 결식아동에게 전달되었는가로 사회적 가치를 측정하는 방식이다. 하지만 '단순 산출'로 사회적 가치를 측정하는 것은 심각한 오류를 낳을 수 있다. 이 사례에서 보자면 영양을 고려하지 않은 값싼 식재료를 사용해 단순히 결식아동에게 도시락을 전달한 기업이 좋은 평가를 받을 수도 있기 때문이다.

따라서 사회적 가치를 제대로 평가하기 위해서는 최종 성과와 가장 잘 연계된 산출 지표가 필요하다. 단순히 '공급된 도시락의 숫자'가 아니라 '지역의 결식아동에게 양질의 무료 도시락을 얼마나 제공했느냐'를 산출 지표로 삼는 것이 더 바람직하다. 왜냐하면 결식아동들의 건강이 좋아지는 '최종 성과'를 만들어내기 위해서는 '양질의 도시락 배달'이라는 '산출'이 필요하기 때문이다.

이 경우 양질의 무료 도시락을 배달하는지 여부는 다음과 같은 방법으로 확인할 수 있다. 결식아동에게 무료 도시락을 제공하는 사업은 정부의 지원금을 받아 운영되고 있기 때문에, 정부의 공공 급식 지원금을 제외하고 '사회적 기업 스스로 얼마나 많은 자체 비용을 추가해 혹은 혁신을 통해 도시락의 품질을 높였는지'를 통해 확인하는 것이다. 즉 정부의 지원금에 의해 창출된 가치는 사회적 기업 스스로 창출한 가치가 아니기 때문이다.

예를 들어 개당 4,000원의 정부 보조금을 받아서 시장에서 4,000원을 주고 살 수 있는 도시락보다 더 좋은 품질의 도시락을 만들었다면, 해당 사회적 기업은 이 품질 차이만큼의 사회적 가치를 스스로 창출했다고 할 수 있다. 만일 시장에서 동일한 품질의 도시락을 6,000원에 구입할 수 있다면, 이 사회적 기업은 도시락 한 개당 2,000원의 추가 가치를 창출한 것이다. 다시 말해 이 사회적 기업이 만들어내는 사회적 가치는 도시락 한 개당 2,000원으로 평가받을 수 있다. 물론 결식아동에게 전달되는 가치에는 가가호호 방문을 통해 결식아동과 배달원이 직접 만나 도시락 이외에 다른 가치까지 전달될 수 있다. 이에 대해서는 5장에서 자세히 설명할 것이다.

또한 얼마나 많은 결식아동에게 전달되었는지 여부는 '정부의 지원 대상이 되는 결식아동에게 도시락을 만들어 배달한 숫자'와 '정부의 지원을 받지 못했다 하더라도 사회적 기업이 자체 비용으로 결식아동에게 배달한 도시락의 숫자'로 확인할 수 있을 것이다. 여기서도 역시 정부의 지원금을 통해 배달된 도시락의 숫자는 제외하고 사회적 기업 스스로 부가적으로 창출한 가치만을 측정해야 한다. 이러한 식으로 '**최종 성과와 연계된 산출**'*이 측정 가능해진다면, 어떤 사회적 기업이 사회적 가치를 얼마나 높였는지를 비교적 정확히 확인할 수 있게 된다.

|Tip|

최종 성과와 연계된 산출 측정의 예

사회적 기업 현장에서는 최종 성과와 연계된 산출을 측정하고 더 나아가 최종 성과까지 측정하려는 다양한 노력들이 진행되고 있다. 일례로 유누스 교수가 유럽에 설립한 유누스 소셜 비즈니스 펀드(Yunus Social Business Fund)에서는 투자 의사 결정과 성과 관리를 위해 IOOI(Input, Output, Outcome, Impact)라는 측정 및 평가 방식을 활용하고 있다. IOOI는 사회적 가치가 창출되는 과정을 투입(Input), 산출(Output), 최종 성과(Outcome), 영향(Impact)으로 보다 세분화해 다층적으로 측정하는 방식이다.

IOOI는 먼저 해결하고자 하는 사회 문제에 연관된 이해관계자들을 규명하고, 재무적·비재무적 투입을 측정한 뒤, 무엇을/어떻게(What/How)의 측면에서 산출을, 왜(Why)의 측면에서 최종 성과를, 그리고 마지막으로 만약 이것이 없다면(What If Not)이라는 측면에서 영향을 측정하도록 구성되어 있다.

예를 들어 취약계층 어린이들의 학업 성취도를 높이고자 하는 프로그램이 있다면, 학업 내용과 시간, 교사의 프로그램 준비 시간, 제반 비용 등이 '투입'으로 고려되고, 시험 성적 향상 정도를 '산출'로 측정한다. 여기에서 끝나지 않고 학생이 수업에서 배운 개념에 대한 이해도가 높아진 정도를 따로 측정하고 시험 성적이 향상된 원인을 분석해 '최종 성과'를 측정한다. 마지막으로 만약 그 프로그램이 없었다면 어떤 결과가 나타날 것인가 하는 측면에서 '영향'을 측정한다. 현재 유누스 소셜 비즈니스 펀드에서는 IOOI를 적용하기 위해 이해관계자 대상의 설문 조사(Stakeholder Survey) 등을 활용해 다면적으로 자료를 수집하고 있으며, 또한 교육, 보건 분야 등 영역별로 특화된 평가 도구들을 개발하고 있다.

유누스 교수의 그라민 은행에서는 직원들의 인센티브 시스템에도 최종 성과와 연계된 산출을 활용한다. 그라민 은행은 직원들에 대해 서로 색깔이 다른 다섯 개의 별을 평가 시스템에 활용하고 있다. 한 직원이 평균적으로 관리하는 약 600명의 대출자들이 100퍼센트 대출금을 갚으면 초록색 별을, 대출자들이 수익을 올리면 푸른색 별을, 대출 잔고보다 많은 예금을 유치하면 보라색 별을, 대출자의 모든 자녀가 학교를 다니게 되면 갈색 별을, 마지막으로 모든 대출자가 빈곤층에서 벗어나면 붉은색 별을 받는다. 직원들은 지급받은 별을 가슴에 달 수 있기 때문에 자신의 활동에 대한 자부심과 성취감을 가진다.

② 유형별 지표의 개발과 유형 간 비교

다음으로 생각해야 할 점은 '어떤 기준 혹은 지표를 가지고 측정할 것인가'다. 이에 대한 답을 찾기 위해서는 두 가지 차원에서의 고민이 필요하다.

첫 번째는 사회 문제 차원이다. 우리 사회에는 환경, 빈곤, 취약계층 고용 등 다양한 사회 문제가 존재한다. 그리고 각 사회 문제별로 다양한 사회적 기업들이 활동하고 있다. 그렇다면 사회적 기업이 해결하고자 하는 사회 문제가 각각 다른데, 통일된 지표로 사회적 가치를 측정할 수 있을까?

만약 사회 문제의 다양성과 그에 따라 파생되는 여러 가지 특성을 고려하지 않고 통일된 지표를 적용할 경우, 개별 기업의 사회적 가치를 제대로 측정하는 데 한계가 있을 수밖에 없다. 취약계층에 일자리를 제공하는 사회적 기업의 가치와 환경 오염 문제를 해결하고자 하는 사회적 기업의 가치를 통일된 지표로 측정할 수 없기 때문이다. 따라서 사회 문제의 유형에 따라 각기 다른 지표가 필요하다.

취약계층을 위한 일자리 제공형 사회적 기업이라면 실제 취약계층에 지급된 임금을 지표로 사회적 가치를 측정하는 것이 마땅하다고 하겠다. 환경 문제를 해결하는 사회적 기업의 경우에는 오염 물질을 얼마나 감축시켰는가를 측정 지표로 사용할 수 있을 것이다.

하지만 사회 문제의 유형별로 서로 다른 지표를 개발하는 것만으로는 부족하다. 우리 사회 전체의 문제를 해결하는 데 어떤 사회적 기업이 어떤 기여를 했는지를 평가하기 위해서는 영역이 다른 사회적 기업 간의 비교도 필요하기 때문이다. 이러한 비교가 가능해야만 사회적 기업 영역 전반에 걸쳐 선의의 경쟁을 유발할 수 있다.

따라서 각 문제의 중요도, 시급성 등을 고려한 통합적인 비교가 필요하지만, 현재는 환경 문제와 빈곤 문제 등 사회 문제 간 우선순위를 비교할 수 있는 객관적인 기준이 마련되어 있지 않다. 그렇다 해도 환경 분야의 성과 지표 1단위가 빈곤 지표 0.7단위와 동등한 가치를 갖는다거나, 반대로 빈곤 1단위와 환경 0.7단위가 동등한 가치라는 지표가 만들어진다면 어떨까?

처음에는 다른 영역 간의 성과를 비교하려는 것 자체에 대해 여러 가지 논란이 생길 수 있다. 하지만 시행착오를 겪더라도 인내심을 갖고 꾸준히 개선해 공신력 있는 비교 지표를 만들어낼 수만 있다면, 서로 다른 영역에서도 문제 해결의 정도에 따라 상호 비교 가능한 사회적 가치의 총량을 측정하는 것이 가능할 것이다.

두 번째로 고민이 필요한 부분은 구체적인 실행 영역에서의 비교다. 환경 문제라는 큰 범주 안에서도 수질 오염, 대기 오염, 토양 오염 등 다양한 영역이 존재한다. 각 영역별로 문제의 양상이 다르고, 해결 방법 역시 다르다. 따라서 영역별로 서로 다른 잣대를 만들어야 한다.

또 영역 간의 비교 기준도 필요하다. 가령 A 기업이 수질 오염 영역에서 5점, B 기업이 대기 오염 영역에서 5점을 얻었다면, 두 기업 중 어떤 기업이 환경 문제 해결에 더 기여한 것일까? 이 경우 세부 영역별로 측정 기준이 다르기 때문에 어떤 기업이 환경 문제를 더 많이 해결했는지 알 수가 없다. 따라서 영역 간에 어떤 기준으로 사회적 가치를 비교할지가 결정되어야 한다.

예를 들면 수질 오염 또는 대기 오염 중 어떤 사회 문제에 더 비중을 두고 있는 사회인지에 따라 가중치가 달라질 수 있다. 식수로 사용하고 있는 강물의 오염이 대기 오염보다 심각한 지역이라면 수질 오염을 해결한 A 기업에게 더 높은 가중치를 주는 방식이다.

이처럼 사회적 가치의 측정 기준을 만드는 일은 매우 복잡하고 어렵다. 사회 문제의 유형에 따라 측정 기준을 만들어야 하고, 각기 다른 문제 간의 비교 기준도 만들어야 한다. 같은 유형의 사회 문제 내에서도 세부 영역별 측정 기준을 따로 만들어야 하며, 영역 간의 비교 기준 역시 중요하다. 특히 어려운 것은 사회 문제 간, 영역 간 비교 기준을 만드는 것이다. 각 사회 문제와 각 영역에 속한 사회적 기업들은 자신이 고민하는 문제의 사회적 가치가 더 중요하고, 따라서 자신의 영역이 더 많은 가중치를 받아야 한다고 주장할 것이다. 이를 합리적으로 해결할 수 있는 방법은 무엇일까?

이에 대해 세 가지 접근법을 제안하고자 한다.

첫째, '과학적 접근'이다. 과학적인 실험과 검증을 통해서 실제 사회 문제를 해결하는 데 어떠한 해결 방법이 더 가치가 있는지를 비교하고, 그에 따른 비교 기준을 만드는 것이다. 가치 측정 기준이 과학적 실험과 검증을 통해 만들어진다면 사회적 기업가들도 이 측정 기준을 쉽게 수용할 수 있을 것이다.

둘째, '경제적 접근'이다. 문제 해결 방법별로 특정 사회 문제를 한 단위 개선시키는 데 소요되는 비용을 산출해 그에 따른 비교 기준을 만드는 것이다. 동일한 양의 사회 문제를 해결하는 데 사회적 기업별로 소요되는 비용이 각기 다르다면, 비용이 가장 적게 드는 해결 방식이 '비용 대비 효과'가 가장 크다고 봐야 할 것이다.

셋째, '정치·사회적 접근'이다. 특정 지역의 사회 문제가 어떤 양상을 보이는지, 그 지역 사람들의 성향은 어떠한지를 고려해 비교 기준을 만드는 것이다. 어쩌면 영역 내, 영역 간 비교는 모두 사회적 합의가 필요한 정치의 영역이다.

예를 들면 환경 문제 내에서도 수질 오염과 대기 오염 중 어떤 영역에 더 가중치를 줄지에 대해서는 정치적인 판단이 필요하다. 물론 이러한 판단을 위해서는 이해관계자들 간의 합의와 절충 과정을 반드시 거쳐야 할 것이다.

여기서 중요한 점은 세 가지 접근 방법 중 어느 하나만 고려되어서는 안 되며, 모든 접근 방법이 통합적으로 적용되어야 한다는 것이다. 예를 들어 영역별 가중치를 정하는 문제를 정치적 접근법으로 해결한다면, 가장 타당한 방법은 투표다. 하지만 과학적 비교 자료가 없다면 유권자들은 판단 근거도 없이 투표를 해야 한다. 그럴 경우 이들은 어떤 선택을 할지에 확신을 가질 수 없을 것이다.

가치 측정의 기대 효과

•　•　•　　사회적 가치 측정의 기준을 만들고 측정을 시도하는 것은 그 자체만으로도 의미를 갖는다. 가치 측정 기준이 만들어지기 전에는 사회적 기업이 스스로 얼마나 효과적으로 사회적 가치를 창출하는지, 다른 기업에 비해 얼마나 많은 사회적 가치를 창출하는지 알기 어렵기 때문이다.

사회적 가치 측정이 이루어지면 사회적 기업은 자신이 창출한 사회적 가치를 구체적이고 비교 가능한 객관적인 수치로 알 수 있게 된다. 각자가 창출한 가치를 확인할 수만 있어도 사회적 기업에 바람직한 행동 변화를 유도할 수 있다.

첫째, 사회적 기업은 투입 대비 사회적 가치가 더 큰 방식으로 사업을 하게 될 것이다. 이를 통해 사회 문제 해결에 소요되는 자원이 더 효율적으로 배분된다. 즉 더 적은 비용으로 더 큰 사회적 가치를 창출하는 것이 가능해진다는 이야기다. 뿐만 아니라 사회적 기업가와 사회적 투자자는 사업 모델을 구상하고 기획하는 단계부터 사회적 가치를 극대화하기 위한 고민을 하게 될 것이다. 또한 지속적으로 사회적 가치를 창출하기 위해 기업을 혁신하는 데 힘을 쏟을 것이다.

둘째, 사회적 가치를 제대로 측정하게 되면 사회적 기업이 추가적인 투자를 받을 수 있는 객관적인 자료를 확보하게 된다. 자신이 가진 자원을 통해 사회 문제 해결에 기여하고자 하는 의도를 가지고 사회적 기업에 투자하는 투자자들은 더 많은 사회적 가치를 창출하는 기업에 투자하려 들 것이다. 따라서 사회적 가치 측정을 통해 스스로의 가치를 증명한 사회적 기업은 투자 유치를 통해 더 많은 사회적 가치를 창출할 수 있는 혁신과 규모 확대가 가능해질 것이다.

셋째, 사회 구성원들이 구체적인 선택 기준을 가지고 사회에 보다 많은 기여를 하는 사회적 기업과 덜 기여하는 사회적 기업을 분별할 수 있게 된다. 이를 통해 사회적 성공에 대한 기준이 변할 수도 있다. 혁신적인 아이디어로 사회적 가치를 창출한 사회적 기업가들이 젊은이들의 새로운 롤 모델로 등장하리란 뜻이다. 이미 세계적으로 많은 사회적 기업가들이 사회에 긍정적인 영향을 미치면서 대중에게도 인정받는 새로운 성공의 모델이 되고 있다. 이들의 성과를 인정해주는 분위기가 조성되면 이들처럼 되고 싶어 하는 인재들이 사회적 기업 영역에 빠르게 유입될 것이다.

뿐만 아니라 기업의 사회적 기여를 평가하는 기준도 새롭게 바뀔 전망이다. 사회적 가치를 많이 창출하고 사회 문제를 많이 해결하는 기업이 더 바람직한 기업으로 인정받게 되면, 그 기업은 다른 기업에 비해 우수한 인재를 더 많이 영입해 경쟁력을 높일 수도 있다. 요즘 젊은 세대들은 단순히 돈을 벌기 위해 직장을 찾지 않고, 돈을 벌면서도 사회적으로 좋은 일을 하는 등 삶의 가치를 높일 수 있는 직장을 선호하기 때문이다.

|Tip|

사회적 가치 측정 기준의 부재로 정책 제안이 실패한 사례

2010년 개최된 G20 비즈니스 서밋(G20 Business Summit)에 신재생에너지 분과의 의장으로 참석했을 때의 일이다. 당시 나는 신재생에너지 분과를 구성하고 있는 20개의 글로벌 기업들과 함께 몇 달 동안 연구하고 준비한 보고서 작성을 총괄하고, 글로벌 기업 최고경영자들의 의견을 조율하는 역할을 담당했다.

신재생에너지 분과에서는 온실가스를 줄이기 위해서 화석 연료를 줄이고 대체 에너지 사용을 권장해 이산화탄소 배출을 줄일 방안을 수립하기 위해 3개월 동안 난상토론을 벌였다. 이러한 토론을 통해 G20 정상들에게 화석 연료 사용에 대한 보조금을 줄이는 방안과 시장 기반의 탄소가격제(Market - Based Carbon Pricing)를 도입해달라고 요청했다.

20개의 기업들이 서로 다른 목소리로 다른 주장을 펼쳤기 때문에 결론에 도달하기까지 매우 어려운 과정이었지만, 각자의 이해타산을 버리고 두 가지 실행 과제에 모두 동의했다. 이 두 가지 제안은 G20 비즈니스 서밋 본 회의에서 보고서로 채택되었고, G20 정상회의에도 보고되었다.

하지만 2011년 G20 정상회의에서는 2010년에 우리가 요청했던 과제가 실현되지도 못했고, 도리어 반대의 결과가 나타났다. 당시 세계 경제 상황이 매우 나빠지면서 일부 산유국들은 정치적 불안감을 해소하고자 오히려 화석 연료에 대한 보조금을 늘렸고, 정부 재정이 악화되어 예산 절감이 필요했던 일부 비산유국들은 태양광 에너지 개발에 대한 보조금을 대폭 삭감하는 등 신재생에너지 개발에 지급되던 보조금이 폐지되거나 축소되었다.

국제에너지기구(IEA)에 따르면, 전 세계 화석 연료 보조금은 2010년 약 4,100억 달러에서 2011년 약 5,200억 달러로 늘어났다. 반면 신재생에너지 개발에 대한 보조금은 영국이 2011년 8월 태양광 발전에 대한 보조금을 최대 72퍼센트 삭감하기로 하고, 프랑스가 2010년 12월부터 3개월간 보조금 지급을 중단하는 등 오히려 줄어들거나 폐지되었다.

탄소 거래 시장은 2011년까지는 성장세를 유지하다가 2012년

급격히 붕괴되었고, 탄소 거래도 50퍼센트 이상 줄어들었다. 심지어 매년 탄소 시장과 관련해 가장 공신력 있는 자료를 발간하던 세계은행(World Bank)도 2012년 시장 상황에 대한 보고서 발간을 취소할 정도였다.

사회 문제는 각각 독립적인 개별 문제로 존재하는 것이 아니라 여러 가지 사회 문제가 서로 영향을 미친다. 즉 경기 후퇴가 빈곤 문제를 만들고, 빈곤 문제를 해결하는 과정에서 환경 문제를 소홀히 할 수밖에 없는 상황이 발생하기도 한다.

이처럼 명확한 가치 측정 기준이 없는 경우 정치적으로 우선순위가 낮은 문제는 그 실질적인 중요성에도 불구하고 해결이 미뤄질 수밖에 없다. 따라서 사회적 가치 측정의 기준은 서로 연결된 각 사회 문제들의 상호적인 영향을 확인하고, 어느 한쪽에 자원을 투입할 경우 다른 문제가 얼마나 악화되는지를 계산해보기 위해서라도 반드시 필요하다. 예를 들면 빈곤 문제가 아무리 시급하다 해도 빈곤 문제를 해결하기 위해 환경 문제를 어느 기준까지는 희생시킬 수 없다는 기준점을 찾기 위해 가치 측정 기준이 반드시 필요하다.

사회적 가치 측정 기준을 수립하고 시행하는 것만으로도 매우 다양한 긍정적인 효과가 나타날 것이다. 다만, 사회적 가치 측정 기준을 수립하고 적용하기 위해서는 다음의 네 가지 측면을 고려해야 한다.

첫째, 처음부터 완벽한 가치 측정은 불가능하다는 사실이다.[13] '처음부터 완벽해야 한다'라는 전제조건만 없다면 시간이 지날수록 보다 정교하게 수정되고 완벽에 가까운 측정 도구가 만들어질 수 있을 것이다. 따라서 우리가 주목해야 할 점은 측정의 가능성이 아니라 우리가 왜 사회적 가치를 측정해야 하는가다. 사회적 가치 측정은 매우 어려운 과정이지만 사회 문제를 해결하기 위해서 반드시 필요하다.

둘째, 측정 기준을 마련했다고 하더라도 과연 모두가 측정 결과를 인정할 수 있을까 하는 문제다. "악마는 디테일에 숨어 있다(The

---

13 **계량적 가치 평가의 한계**
기 소르망은 《세상을 바꾸는 착한 돈》에서 측정과 평가의 필요성을 강조하면서도 그 부작용도 함께 제시하고 있다. 아울러 계량적인 측정과 평가에 대한 비판도 받아들이고 있다. 그는 조지 소로스의 "계량적 평가는 기부자와 수혜자 양측의 인간적 측면을 충분히 고려하지 못하며, 계량적 평가를 기준으로 하다 보면 쉽게 측정할 수 있는 사업만을 우선시할 위험이 있다"라는 비판도 매우 타당하다고 말한다. 동시에 성과를 측정하지 않는다면 결국 비영리 조직에 대한 기부금이 낭비될 우려가 있다는 입장을 표명하고 있다. 자원은 한정된 만큼 어떤 좋은 일에 돈을 기부하면 다른 좋은 일은 그 기부금을 놓칠 수 있기 때문이다. 따라서 최대한의 효율성을 기준으로 기부금이 분배되기 위해서는 RM(Relentless Monetization, 지속적 화폐화) 시스템의 도입이 필요하다고 주장한다. 결국 계량적 측정과 평가를 시행하는 것은 매우 어렵지만, 반드시 필요하다는 것이다.

devil is in the detail)"라는 말이 있듯이 기준에는 합의해도 실제 세부적인 측정 방법의 실행에는 얼마든지 이견이 있을 수 있다. 이러한 논란과 이견을 해소하기 위해서는 지속적인 노력이 필요하다. 이해관계자들 간의 사회적 합의를 통해 사회적으로 인정받는 기준을 확립하는 민주적 절차는 공정성 논란을 피하기 위해 반드시 필요하다. 아울러 과학적 측정 방법과 경제적 분석을 제공함으로써 측정과 평가의 논리 체계를 강화해나가는 일이 이견을 해소하는 데 하나의 방법이 될 것이다.

셋째, 사회적 가치에 대한 회계 기준을 만드는 것이 현실적으로 가능한지에 대해 의문을 품는 사람도 있을 수 있다. 사회적 가치에 대한 회계 기준을 확정하는 작업은 매우 지난한 과정일 수 있다. 단기간 내에 결함 없는 기준을 만들어낼 수 없기 때문이다. 현재 활용되고 있는 기업 회계 기준*도 정말 긴 시간 동안 수많은 시행착오를 거쳐 발전해왔다. 기업 회계 기준이 오랜 기간의 고민과 수정을 거쳐 현재에 이르렀듯이, 사회적 가치 측정을 위한 회계 기준도 지속적인 수정과 보완을 하다 보면 공신력을 얻을 수 있을 것이다.

다시 이야기하지만, 초기에 만들어진 측정 기준이 모든 이해관계자를 만족시킬 수는 없다. 처음에는 기준을 얼마나 완벽하게 만드는가보다는 그 잣대가 만들어졌다는 것만으로도 충분한 의미가 있다고 봐야 한다. 따라서 완벽한 제도를 만들 수 없다는 것을 두려워하지 말고, 완벽하지 않은 제도라도 만들어 일단 적용해볼 필요가 있다. 그 이후 사회의 변화와 사회 문제의 해결 정도에 따라 지속적으로 가치 측정 기준을 수정하고 개선해나가면 된다.

마지막으로 측정 비용의 적정성 문제도 중요하다. 만약 사회적 가치 측정 기준을 마련하고 적용하기 위해 감당할 수 없을 만큼 많은 비용이 소요된다면 측정 기준을 활용하는 사람이 없을 것이다. 현재 영리 기업에서 재무·회계 자료를 만드는 데도 많은 비용이 소요되는데, 사회적 가치를 회계 자료로 표현하기 위해서도 많은 비용이 소요된다면 기업들은 굳이 이를 작성하려 하지 않을 것이고 결과적으로 전혀 효과를 거두지 못할 것이다. 따라서 측정 기준과 회계 기준이 현실적으로 작동하도록 만들기 위해서는 객관성과 공정성은 조금 미약하더라도 적정 수준의 비용으로 개발할 수 있는 최적의 측정 방안을 찾아나가야 한다.

|Tip|

기업 회계 기준의 발전

기업 회계 기준이 발전해온 과정을 되짚어보자. 실제로 기업의 회계 기준도 초기 도입 단계에서는 매우 엉성하고 여러 가지 논란이 있었다. 하지만 100여 년이 넘는 기간 동안 지속적인 고민과 수정의 과정을 거치면서 현재에 이르고 있다. 예를 들면 과거에는 회계 기준이 기업의 자산 가치를 제대로 반영하지 못한 경우가 많았다. 회계 기준이 도입된 초창기에는 기업의 자산 가치를 평가하는 기준은 취득 당시의 원가였고, 시가를 반영하는 방법 자체가 없었다.

제1차 세계대전을 겪은 1930년대에는 물가 변동이 심했기 때문에 그에 따라 자산 가치를 수정할 필요가 있었지만, 시가를 반영할 경우 발생할 수 있는 수많은 현실적인 문제들이 예상되었기 때문에 시가를 재무제표에 반영하는 것은 꿈같은 이야기였다. 그러나 1970년대에 들어서는 시가로 자산을 평가하자는 논의가 본격화되었고, 1980년대에 들어서면서 비로소 기업이 자발적으로 시가에 맞춰 자산 가치를 공시할 수 있게 되었다.

이렇듯 현재의 회계 기준 중 자산 가치를 평가하는 방식 하나도 50여 년이나 되는 오랜 기간을 거쳐 정교해졌는데, 사회적 가치에 대한 회계 기준이 20~30년 내에 충분히 만족할 만한 수준으로 발전할 것이라는 나의 생각은 너무 낙관적인 믿음일까?

특히 사회적 가치 측정에 미온적 태도를 보이는 가장 큰 이유는 측정할 수 있는 사회적 가치 평가 기준도 없지만 비용에 비해 편익이 분명하지 않기 때문이다. 사회적 가치를 회계 자료로 만드는 데 비용만 발생하고 아무런 편익이 없다고 하면 누가 굳이 사회적 가치를 회계 자료로까지 만들려는 시도를 하겠는가? 그러나 만약 인센티브 제도가 도입된다면 개별 사회적 기업의 입장에서도 사회적 가치 측정이 편익을 얻는 길이 될 것이다. 따라서 사회적 가치 측정 기준을 만드는 것 자체로도 의미가 있지만, 비용 대비 편익을 고려할 때 인센티브 제도와 연동해 활용하는 것이 필요하다.

이러한 고민에 대한 답을 찾는 과정을 통해 사회적으로 좀 더 인정받는 측정 기준이 마련될 것이라고 생각한다. 특히 단계별로 측정 기준의 적용 범위를 넓혀나간다면 보다 실효성 있는 기준을 마련할 수 있을 것이다. 예를 들어 마을 단위에서는 매우 간단한 기준만으로도 사회적 가치 측정이 충분히 가능할 것이다. 마을 단위에서 도시 단위로, 도시 단위에서 국가 단위로 단계적인 기준을 만들고, 그 단위에 따라 적합한 기준으로 확장해간다면 보다 쉽게 측정 기준을 수립할 수 있을 것이다.

지금 당장 논리적으로만 이 문제를 풀고자 한다면 모두를 납득시키는 것은 불가능할 것이다. 일부 사람들은 동의하지 않거나, 또는 다른 여러 가지 문제점들이 등장할 수도 있지만 결코 해결할 수 없는 문제라고 생각하지는 않는다. 기준을 만드는 사람 스스로 사회적 가치 측정의 기대 효과에 대한 확고한 신념이 필요하고, 실행을 통해 그 효과를 증명해가야 할 것이다.

| Tip |

측정 기준 수립의 현실적 방법 : 사실 표준의 활용

일반적으로 기준이나 표준이라고 하면 대부분 공식 표준(De Jure Standard)을 떠올린다. 공식 표준은 공인된 표준화 기구, 예를 들어 국제 표준화 단체나 정부에서 제정하는 표준을 의미한다. 이러한 공식 표준은 처음 제정할 때부터 상당한 논란과 어려움 속에서 만들어지고, 만들어진 후에도 부작용과 반발이 있기 마련이다. 이에 반해 오랜 시간 동안 자연 발생적으로 만들어진 기준도 있다. 이를 공식 표준과 대비해 사실 표준(De Facto Standard) 또는 업계 표준이라고 한다.

예를 들어 〈더 타임스〉나 〈뉴스위크〉와 같은 언론들은 세계 대학을 평가해 순위를 발표한다. 처음에는 대학 평가 기준이 과연 얼마나 과학적이고 논리적인가에 대해 논란이 있었다. 하지만 오랜 시간 동안 측정이 진행되면서 그 지표는 사회에서 공신력을 얻게 되었다.

또 다른 흥미로운 사례로 '포춘500(Fortune 500)'이 있다. 포춘 500이 처음 만들어졌을 때는 근거가 무엇인지, 순위의 선정 기준은 무엇인지, 국가별·산업별로 동일하게 비교하는 것이 가능한지 등 회의적인 시각도 많았다. 하지만 포춘500은 오랜 시간 동안 자신들이 만든 근거에 따라 순위를 선정해왔고, 그 결과 이제는 대부분의 사람들이 포춘500의 신뢰도를 인정하고 있다. 내가 경험한 바에 따르면, 중국 정부는 투자 유치 담당 공무원의 성과 평가에 있어서 포춘500과 같은 기준을 활용하고 있다. 특히 지방 정부의 투자 유치 실적을 평가할 때, 동일한 액수의 투자를 받더라도 포춘500에 속한 기업이 투자에 참여하는 경우 담당 공무원에게 더 높은 평점을 부여하는 것이다. 이는 세계 일류 기업의 직접 투자를 유치하려는 중국 정부의 정책이 반영된 것이다. 특히 국가 공무원들에 대한 보상 기준을 정하는 데 사실 표준을 받아들였다는 것이 특징적이다. 중국의 사례와 같이 포춘500은 오랜 시간 발전되어온 사실 표준이 공식 표준으로 인정받게 된 사례라고 할 수 있다.

사회적 가치 측정 기준을 세우는 일에도 공식 표준을 만드는 것만으로는 해결되지 않는 사안들이 있을 것이다. 이러한 사안들은 포춘500과 같은 사실 표준이 인정받은 것과 같은 방식으로 사회적으로 인정받을 수 있을 것이다. 이처럼 기준에 대해 사회 구성원들이 느끼는 바가 각기 다르기 때문에, 공식 표준을 만드는 것에 많은 논쟁이 있을 수 있고, 윤리적인 문제가 있을 수도 있다. 사회적 가치의 측정과 평가에 있어서도 다양한 사람들의 의견이 존재할 것이기 때문에 공식 표준을 만드는 것이 불가능할 수도 있다. 이 경우 사례에서와 같이 업계에서 통용되는 사실 표준이 사회적 가치 측정과 평가의 기준 역할을 할 수 있으리라 생각한다.

Social Progress Credit(SPC)의 도입

'Social Progress Credit'의 개념과 원칙

• • •   사회적 가치 측정은 시도하는 것만으로도 큰 변화를 기대할 수 있다. 하지만 가치 측정만으로는 해법의 완성도가 떨어진다. 해법의 완성도를 높이기 위해서는 측정의 결과에 연계된 인센티브 제도를 도입해야 한다. 다시 말해 사회적 기업이 창출하는 사회적 가치에 비례해 인센티브를 제공하는 제도가 함께 보완되어

야 한다. 이런 방안이 뒷받침되어야만 새로운 사회적 기업의 참여도를 획기적으로 높일 수 있다.

사회적 기업의 가장 큰 고민은 재무적 가치와 사회적 가치를 동시에 추구해야 한다는 점이다. 기업가의 입장에서 사회적 가치 창출도 중요하지만, 기업의 생존을 위해 재무적 가치를 창출하는 데 더 많은 신경을 쓸 수밖에 없다. 많은 사회적 기업가들이 대출이나 투자를 통해 자금을 구하기 위해서 자신의 업무 시간과 노력의 70~80퍼센트를 써야 한다고 하소연한다. 실제로 사회적 기업가가 사회적 가치를 더 많이 창출하기 위해 투입하는 시간과 노력은 상당히 제한적일 수밖에 없다. 즉 생존을 위해 재무적인 실적에 매달리다 보면 사회적 가치를 희생해야만 하는 상황에 몰리는 경우가 발생하는 것이다. 그렇다고 재무적인 실적을 등한시한다면 기업은 존속할 수 없게 된다.

이러한 딜레마를 해결하는 방안으로 Social Progress Credit(이하 SPC)의 도입을 제안한다.

SPC는 '사회적 가치에 기반한 인센티브'를 뜻한다. 이것은 사회적 기업이 더 많은 사회적 가치를 창출하도록 동기를 유발시키는 일종의 보상(補償)이다. 기업이 매년 결산을 통해 납부할 세금을 정하듯이, 사회적 기업이 창출하는 사회적 가치를 측정해 그 사회적 가치의 일정 비율(세율과 유사함)을 정부가 사회적 기업에 유가증권 형태로 지급하는 방식이다. 사회적 기업이 창출한 사회적 가치에 상응하는 상금과 같은 개념이라고 할 수 있다.

SPC가 도입되면 재무적 가치와 사회적 가치를 동시에 추구해야 하는 사회적 기업의 가장 큰 고민을 해결할 수 있다고 생각한다. SPC를 제안하는 이유는 사회적 기업이 경제적 자립을 위해 쓰는 노력을 사회적 가치를 극대화하는 데 좀 더 사용할 수 있도록 하려는 데 있다. 사회적 기업이 사회적 가치를 만드는 데 매진할 수 없다면 혁신도 일어나기 어렵고 투자도 유치하기 어렵다. 그렇게 되면 지속적으로 경제적 자립이 더 어려워지는 악순환에 빠지게 된다.

사회적 기업이 본래 목적에 매진할 수 있는 환경을 만듦과 동시에 적자를 흑자로 전환할 수 있는 혁신적인 방법이 필요하다. 그 방법을 고민하다가 '사회에 가치 있는 일을 많이 하는 기업에게 상을 주자'라는 생각을 하게 되었다. 이렇게만 된다면 사회적 가치와 재무적 가치 두 가지를 동시에 추구해야 하는 딜레마를 상당 부분 해소할 수 있을 것이다. SPC는 사회적 기업의 재무적 지속성을 보장하는 효과도 있겠지만, 더 나아가 투자도 유치하고 혁신을 통해 사회적 가치를 더 높이는 선순환의 구조를 만들 수 있을 것이다.

사회적 기업의 안타까운 현실을 타개하고 SPC가 기대한 효과를 발휘하기 위해서는 아래와 같이 세 가지 원칙이 지켜져야 한다.

첫 번째 원칙은 사회적 가치를 계량적으로 표현할 수 있는 측정 기준이 제대로 마련되어 있어야 한다는 것이다. 그래야만 공정한 SPC의 도입이 가능하다. 특히 사회적 기업 영역의 다양한 이해관계자인 정부, 사회적 기업가, 투자자, 전문가 등이 최대한 합의를 통해 기준을 마련하는 것이 필요하다.

두 번째 원칙은 SPC가 사회적 기업이 만들어내는 사회적 가치에 비례해 제공되어야 한다. 이는 SPC가 기업들에게 더 큰 사회적 가치를 창출하려는 동기를 부여해야 한다는 의미다. 적자 기업의 경영진은 사회적 가치를 포기하더라도 재무적 위기를 해결하고 싶은 갈등에 빠진다. 이러한 고민을 해결해주기 위해서는 사회적 가치를 높이는 것이 동시에 재무적 가치도 높일 수 있도록 해주어야 한다. 인센티브가 사회적 기업이 창출한 사회적 가치에 따라 주어진다면 적자 기업이 흑자로 바뀔 수도 있고, 설사 흑자로 전환되지 못하더라도 적자 폭은 감소될 수 있을 것이다. 따라서 사회적 기업가가 사회적 가치를 더 많이 만들어내는 본연의 목적에 보다 매진할 수 있는 환경을 마련해줄 수 있을 것이다.

마지막 원칙은 각 사회가 처한 상황에 맞춰 SPC가 다양한 방식으로 설계될 수 있어야 한다. 예를 들면 SPC는 거래 가능한 유가증권 형태로도 설계될 수 있다. 대부분의 정부는 사회적 기업에 대해 세액 공제 혜택을 부여하고 있다. 하지만 많은 사회적 기업이 적자를 기록하고 있는 현실에서 세액 공제 방식은 세금을 내지 못하는 사회적 기업에게는 아무런 도움이 되지 않는다. 따라서 양도가 어려운 세액 공제권은 세금을 내야 하는 흑자 기업에만 도움이 된다. 그런 만큼 당장 자금이 필요한 기업에 확실한 도움이 되는 양도가 자유로운 세액 공제권 형태로도 개발될 수 있어야 한다.

SPC의 세 가지 원칙을 접한 독자들 중에는 사회적 기업에게 사회 문제를 해결한 정도에 따라 인센티브를 주는 것에 대해 부정적으로 생각하는 사람들도 있을 것이다. 이들은 아마도 국민의 세금으로 '인센티브를 주는 것'에 회의적인 사람들일 것이다. 하지만 이미 국민이 내는 세금의 상당 부분이 사회 문제 해결에 쓰이고 있다. 한국 정부의 경우 예산의 약 30퍼센트는 복지 부문에 사용되고 있다. 게다가 많은 전문가들이 정부의 복지 예산이 사회 문제 해결은 물론이고, 일자리 제공과 경제 성장에도 긍정적인 영향을 미치는 '생산적 복지'가 되어야 한다고 강조하고 있다.

그렇다면 사회 문제를 해결하는 것 자체를 비즈니스 모델로 삼고 있는 사회적 기업에게 사회 문제를 해결한 만큼에 비례해 인센티브를 주는 것은 의미 있는 일이 아닐까? 이를 통해 사회 문제도 해결하고, 고용도 창출하며, 경제도 키우는 효과를 얻을 수 있는데 말이다. 특히 인센티브를 통해 사회적 기업들 스스로 지속가능성을 추구하는 데 보탬을 준다면, 이들은 더 많은 사회 문제를 해결하는 데 매진할 수 있을 것이다.

예를 들어 사회적 기업을 대학생이라고 하자. 이때 사회적 기업이 만드는 사회적 가치는 학생이 공부를 하는 것에 비유할 수 있고, 재무적 가치는 대학 등록금을 위해 돈을 버는 것에 비유할 수 있다. 학생은 공부도 하지만 등록금을 내기 위해 아르바이트를 해서 돈도 벌어야 한다. 따라서 공부를 하기 위해 대부분의 시간을 쓰면 일을 할 시간이 줄어 수업료를 낼 돈을 충분히 벌 수 없는 반면, 수업료를 버는 데 시간과 노력을 쏟는다면 아무래도 학업에 소홀해질 것이다.

나의 제안은 학생 본연의 역할인 공부를 잘하면 장학금을 주자는 것과 같은 맥락이다. 등록금의 전부는 아닐지라도 장학금은 학생들이 공부에 매진하는 데 큰 도움이 될 것이다. 공부를 열심히 잘하는 만큼 장학금이 주어진다면 학교를 다니는 학생의 수도 증가하고, 아르바이트를 하는 시간에 공부에 매진하는 학생들이 늘어날 것이며, 학생들의 학업 성적도 높아지지 않겠는가.

SPC의 경제학적 의미

사회적 기업은 사회 문제 해결을 통해 불특정 다수에게 혜택이 돌아가는 공공의 가치(사회적 가치)를 창출한다. 시장을 통해 거래되는 사적 가치와는 달리 사회적 가치는 사회 전체에 귀속되는 공공재적 성격을 지닌다. 따라서 사회적 가치는 시장에만 맡기면 창출되기 어려운 공공재적 성격을 지니며, 외부효과 또는 외부성(Externalities)의 문제로 경제학적 해석이 가능하다.

예를 들어 공원과 같은 공공재는 시장의 원리만으로는 존재할 수 없다. 물론 사설 놀이공원과 같이 시장의 원리가 적용되어 입장객들이 돈을 지불하고 방문하는 곳도 있다. 그러나 마을마다 조성되어 있는 공원은 입장료를 지불하지 않고 주민들이 쾌적한 휴식을 즐기는 공간이다. 마을의 공원이 창출하는 사회적 가치는 마을 주민 모두가 공유하는 것이고, 마을 주민이 아니더라도 마을을 방문하는 손님들도 함께 공유할 수 있다.

만일 시장 원리에 따라 공원 이용객들에게 이용료를 부과한다면 공원을 만드는 본연의 목적을 충분히 달성하기 어려울 것이다. 그렇다고 민간 영리 기업들에게 이용료를 받지 않는 공원과 같은 공공재를 공급하라고 한다면 아무도 나서지 않을 것이다.

따라서 정부가 나서지 않는 한 공공재의 공급은 시장을 통해서는 항상 부족할 것이다.

반면에 공원과 반대 상황인 환경 오염을 생각해보자. 환경 오염은 오염 물질을 배출하는 사람이 입는 피해보다는 환경 오염에 노출된 주민들 모두가 입는 피해가 더 크다. 물론 환경 오염을 최대한 줄이기 위해 자발적으로 노력하는 윤리적인 기업들도 있을 것이다. 하지만 환경 오염 물질의 배출을 줄이는 데는 상당한 시설 투자가 필요하기 때문에, 정부가 오염 물질의 배출을 규제하지 않으면 오염 물질은 무분별하게 배출될 우려가 크다. 이와 같이 시장의 기능에만 맡겼을 때 공공재가 부족하게 공급되는 문제와 사회 전체에 해가 되는 문제들이 과도하게 발생하는 것을 방지하기 위해서 정부는 다양한 방식으로 시장에 개입하고 있다.

정부가 시장에 개입하는 방식은 정부의 직접 규제, 또는 정부가 직접 공공재를 공급하는 것이다. 환경 오염을 막기 위해 정부는 각종 오염 물질의 배출 기준을 설정하고 이를 법으로 강제하는 것이 그런 예다. 문제는 이 기준을 지키도록 하는 데 많은 행정력과 비용이 소요된다는 점이다. 각 기업이 배출한 오염의 양을 정확하게 측정할 수 있어야 하고, 그 기준을 초과한 기업을 처벌하는 데도 인력과 비용이 든다. 마찬가지로 마을 공원을 마을 주민 모두가 무료로 이용할 수 있도록 공원을 조성하는 일은 정부가 직접 공공재를 공급하는 것이다. 정부의 예산은 마을 주민들의 세금으로 충당되는 것이므로, 마을 공원을 짓기 위한 재원은 결국 마을 주민들의 세금을 통해 조달된다.

영국의 유명한 경제학자인 아서 피구(Arthur Cecil Pigou)는 자신의 저서 《후생경제학》에서 외부성의 문제를 세금 또는 보조금과 같은 경제적 유인(인센티브)을 통해 해결할 수 있음을 보여주었다. 이를 피구의 이름을 따서 피구세(Pigouvian tax) 또는 피구적 보조금(Pigouvian subsidy)이라고 부른다. 예를 들어 정부는 환경오염 물질을 배출하는 기업들에게 환경세를 부과한다. 기업들은 환경 기준을 맞추지 못할 경우, 향후 몇 년간 부과될 환경세 총액과 오염 물질 감축을 위한 시설 투자 비용을 비교해 환경세를 부담할지, 시설 투자를 할지 결정한다. 이처럼 경제적 유인이 주어지면 시장의 원리가 그대로 적용되기 어려운 현상이 교정될 수 있다.

마찬가지로 마을에 공원을 지은 기업이 있다면, 주민들에게 공원 이용료를 징수하는 대신 정부로부터 보조금을 받을 수 있다. 물론 정부가 기업에게 주는 보조금은 마을 주민이 낸 세금에서 나오는 것이다. 이와 같이 공공경제학에서는 외부성이 존재하는 경우, 세금 또는 보조금과 같은 경제적 인센티브가 왜곡된 자원 배분을 교정한다는 의미에서 교정적 조세 혹은 교정적 보조금(Corrective Tax or Subsidy)이라고 부른다.

같은 원리를 사회적 기업 영역에도 적용할 수 있다. 사회적 기업은 시장을 통해서 경제 활동을 하며 재무적 성과도 달성한다. 하지만 사회적 기업이 창출하는 사회적 가치는 공공재적 특성을 지닌다. 사회적 가치가 공공재적 특성을 지닐 경우 시장 기구를 통해서는 충분히 공급되지 못할 수 있다. 따라서 자원 배분의 최적화를 달성하기 위해서는 피구적 보조금이 매우 유효한 경제적 인센티브로 작용할 수 있다.

단 공원의 사례를 놓고 볼 때 정부가 직접 공원을 짓고 운영하는 것이 좋을지, 아니면 사회적 기업에게 보조금을 주면서 맡기는 것이 좋을지는 효율성을 비교해봐야 한다. 만약 사회적 기업이 사회 문제 해결에 있어서 정부보다도 비용 대비 효율적이고, 더 많은 성과를 창출할 수 있는 분야가 있다면 공공경제학적 관점에서 볼 때 사회적 기업에 대한 보조금은 타당성을 지닐 수 있다. 내가 제안하는 SPC는 사회적 가치 창출에 대한 피구적 보조금과 같은 맥락에서 이해하면 좋을 것 같다.

SPC의 설계와 운영

•   •   •   SPC에 대해 '기존의 지원 제도와 다른 점은 무엇인가'
라는 의문을 제기하는 사람들도 있을 것이다. SPC는 같은 양의 물
적 자원을 투입하더라도 더 많은 사회적 가치를 만들어낼 수 있는
방법이다.

기존의 지원 방식은 사회적 기업이 창출하는 사회적 가치를 확인
하고 이에 비례해 인센티브를 주는 방식이 아니다. 그러다 보니 기
존 지원 방식에서 사회적 기업은 사회적 가치를 극대화하기 위한
혁신을 일으킬 유인이 없거나 있다 해도 제한적이었다. 반면 SPC
는 사회적 기업이 사회적 가치를 일군 결과에 따라 인센티브를 주
기 때문에, 기존과 동일한 규모의 정부 지출이 투입되더라도 기존
의 지원 방식에 비해 더 많은 사회 문제를 해결할 수 있다.

그런 의미에서 내가 제안하는 인센티브 제도가 단순한 특정 사회
적 기업에 대한 '보상' 제도로 오해되지 않기를 바란다. 이 제도는
스스로 생존하기 위해서 애쓰면서도 사회 문제 해결에도 기여하고
있는 사회적 기업들이 더 많은 사회 문제를 해결할 수 있도록 최소
한의 지속가능성을 보장해주자는 데 초점을 맞추고 있다.

또한 인센티브 제도를 통해 사회적 기업의 성공 사례가 알려지면
보다 많은 사회적 기업과 사회적 투자 자본이 유입되는 사회적 기

업 생태계의 선순환이 일어날 것이다. 따라서 SPC는 '보상'이 아니라 더 많은 사회 문제를 해결하기 위한 '투자'인 것이다.

SPC는 각 사회가 처한 상황에 맞게 다양한 형태로 설계가 가능하다. 특히 사회 구성원들의 다양한 동기에 맞춰 형태의 확장이 가능하다. 사람들의 동기에는 금전적 동기만 있는 것이 아니다. 사람들 중에는 금전적 인센티브에는 반응하지 않으면서도 칭찬받는 것을 좋아하고, 사회적 인정을 받으면 더욱 열심히 일하는 사람들도 있다. 따라서 이들에게 동기 부여하기 위해서는 칭찬을 제도로 만드는 것도 필요하다. 그러나 비금전적 인센티브만으로는 사회적 기업의 참여자를 끌어내기에 충분치 않다. 금전적 인센티브는 매년 평가해 바로 지급되지만, 대개의 경우 비금전적 인센티브를 받기까지는 시간이 오래 걸린다.

따라서 SPC라는 금전적 인센티브 제도를 도입하되, 비금전적 인센티브 제도를 혼합해 보완할 수도 있을 것이다. 만약 사회 구성원 중에 금전적 인센티브에 동기 부여되는 사람의 비중이 크다면 SPC 제도의 비중을 더 키우고, 비금전적 인센티브에 동기 부여되는 사람이 많다면 비금전적 인센티브의 비중을 더 키우는 등 사회 상황에 맞는 설계가 가능할 것이다.

SPC와 같은 금전적 인센티브를 매년 시행하되 보조적으로 사회적 가치를 일정 기준 이상 쌓은 사람, 또는 사회적 기업에 투자를 많이 한 사람 등을 포상하는 제도를 상상해보자. 사회적 가치 창출을 크게 할수록 명예 포인트를 부여하자는 것이다. 이는 항공사의 마일리지 포인트처럼 30만, 50만, 100만 포인트로 등급을 나누어 명예 등급이 차등적으로 부여되는 것이다. 가장 높은 등급에 해당하는 사회적 기업가에게는 명예의 전당에 올려주거나, 일정 수준 이상의 포인트를 쌓으면 명예로운 시민상을 수여하는 등 다양한 방식을 생각할 수 있다. 더구나 금전적 인센티브인 SPC를 받을 수 있는데, 이를 사회에 환원한 기업가나 SPC를 모아서 이를 기부한 사람에게는 더 차등적인 상을 부여할 수 있다.

이미 우리 사회에는 정부나 민간 기구가 주관하는 다양한 포상 제도가 있다. 사회 특성에 맞는 금전적·비금전적 인센티브 제도가 탄생된다면, 다양한 동기 유발을 가져오면서 각각의 인센티브 제도가 지닌 단점과 부작용을 줄일 수 있을 것이다. 금전적 인센티브에 반응하는 사람들뿐만 아니라 비금전적 인센티브를 더욱 중요시하는 사람들에게도 충분히 동기 부여가 될 것이다. 특히 내가 제안하는 비금전적 인센티브 제도는 일반적인 포상 제도와는 달리 사회적 가치를 측정해 그 결과에 따라 사회적 인정을 부여한다는 점에서 차이가 있다.

그렇다면 SPC는 어떤 기준으로 얼마나 지급되어야 할까? 이는 '해당 사회의 문제의 심각성'에 따라 달라질 수 있다. 문제의 증폭 속도가 빠르고 그 총량이 커서 많은 문제 해결사가 필요한 분야에서는 SPC 지급을 늘려 더 많은 사회적 기업들이 해당 문제 해결에 동참하도록 할 수 있다. 반면 사회 문제의 증가가 통제 범위 안에 있는 영역에서는 SPC의 지급량을 줄이거나 지급 기준을 좀 더 까다롭게 만들 수 있을 것이다. 물론 경우에 따라서는 사회 문제별로 차등을 두지 않고 사회적 가치 대비 똑같은 양의 인센티브를 줄 수도 있다.

이와 함께 '사회적 기업이 만들어낸 사회적 가치에 대하여 인센티브를 얼마나 줄 것인가'의 문제는 '해당 사회의 문제를 해결하기에 충분한 사회적 기업의 수는 어느 정도인가'라는 문제와 '사회적 기업의 문제 해결 역량이 어느 정도인가'라는 두 가지 문제와 직접적으로 연결되어 있다.

현실적으로 '사회적 기업의 필요량과 사회적 기업의 문제 해결 역량을 고려한 인센티브의 총량'을 정확하게 산출하는 것은 불가능하다. 현재 당면한 사회 문제의 총량을 정확하게 알 수 없고, 이 중 정부나 비영리 조직이 아닌 사회적 기업을 통해 해결할 때 더 효율적인 문제의 양 또한 측정하기 어렵기 때문이다. 또한 사회적 기업이 정부나 비영리 조직에 비해 어떤 영역에서 얼마만큼 더 문제 해결 역량이 뛰어난지도 측정하기 어렵다.

다만 다음의 두 가지 방식으로 각 사회가 처한 상황에 맞춰 인센티브의 양을 사회적 합의를 통해 결정할 수 있을 것이다.

첫 번째 방식은 SPC로 지급할 예산의 총량을 먼저 결정하고, 창출된 사회적 가치에 비례해 그 예산을 차등적으로 나누어주는 방식이다. 이 경우에는 사회적 가치 창출에 참여한 사회적 기업 간의 경쟁을 통해 더 많은 가치를 창출하는 기업이 더 많은 인센티브를 가져가게 된다.

두 번째 방식은 사회 문제의 단위를 먼저 정하고, 이를 한 단위만큼 해결할 때 드는 정부 예산 혹은 소요 비용을 기준으로 인센티브의 양을 결정하는 방식이다. 예를 들어 정부가 사회 문제 한 단위를 해결하기 위해 책정한 예산을 기준으로 그 인센티브의 양을 정하거나, 또는 사회적 기업이 실제 사회 문제 해결을 위해 사용한 비용을 기준으로 인센티브의 양을 정할 수도 있다. 물론 소요 비용의 100퍼센트를 인센티브로 지급할 것인지 또는 50퍼센트를 지급할 것인지 등도 합의해야 할 사항이다.

인센티브의 양을 얼마로 해야 하는지에 대해서는 정답이 있을 수 없다. 단지 인센티브의 양이 많아지면 사회적 기업의 수가 많아지고, 이들의 활동이 더 활성화될 것이라는 예측만 가능할 뿐이다. 적정한 인센티브의 양이 얼마인지를 알 수 없다는 것이 SPC를 도입하기 위해 넘어야 하는 중요한 관문 중의 하나다.

측정 · 평가 기준과 SPC의 기대 효과

SPC는 사회적 가치를 높이는 방향으로의 혁신을 유도하는 일종의 촉매제 역할을 한다. 기존의 사회적 기업은 재무적 지속가능성을 위해 경영 활동의 각 부분에 많은 역량과 자원을 투입해야 했다. 그런데 SPC가 도입되면 좀 더 많은 역량과 노력을 사회적 가치를 높이는 데 집중할 수 있다. 사회적 가치를 높이는 것이 재무적 가치를 높이는 데도 도움이 되기 때문이다. 사회적 가치를 획기적으로 높여 기업의 지속가능성이 월등히 높아지는 성공 사례들이 등장할 수도 있을 것이다.

사회적 기업의 성공 사례가 많아지면 사회적 투자도 활성화될 것이다. 우선 사회적 가치 측정 기준이 마련되면, 투자자들은 동일한 자원으로도 더 많은 사회적 가치를 창출하는 사회적 기업을 선별할 수 있게 된다. 또한 SPC가 도입되면 사회 문제 해결에 관심은 있지만 재무적인 손실에 대한 우려로 투자를 주저하던 투자자에게도 새로운 기회를 제공해줄 것이다.

사회적 기업이 SPC를 많이 받았다는 것은 그만큼 해당 기업의 사회 문제 해결 역량이 뛰어나다는 의미이며, 해당 기업이 미래에 더 많은 SPC를 받을 수 있는 가능성도 높다는 의미다. 이처럼 SPC가 기업의 미래 가치(기대 수익)에 반영되면 더 많은 사회적 투자 자금이 사회적 기업 영역에 유입될 수 있을 것이다.

투자 성공 사례들이 늘어나면, 영리 기업들도 직간접적으로 사회적 가치 창출을 위한 혁신에 동참하게 될 수 있다. 영리 기업은 스스로 사회적 가치를 창출하기도 하지만, 진화된 형태의 CSR 활동으로 사회적 기업에 투자해 더 높은 수준의 사회적 가치를 창출할 수도 있다. 이러한 사례가 성공한다면 다른 영리 기업의 CSR 활동에도 영향을 미칠 것이다. 이들은 단순한 기부가 아닌 사회적 기업에 대한 투자에 보다 많은 관심을 기울일 것이다. 이를 통해 민간 영역 전체에서 사회적 기업에 대한 투자가 활성화될 것으로 기대된다.

이 같은 효과는 객관적인 측정 기준의 확립과 SPC 제도 도입이 통합되어 나타나는 것이다. 인센티브 제도는 당연히 측정 기준의 도입을 전제로 하기 때문에 측정 기준 도입의 효과를 배제하고 SPC

도입의 효과만 분리할 수 없다.

무엇보다 사회적 가치 측정 기준과 인센티브 제도를 통해 사회적 기업이 문제를 보다 잘 해결하도록 독려하는 혁신이 일어날 것이다. 사회적 가치 창출에 대해 충분한 금전적 보상이 제공되면 사회적 기업은 더 이상 재무적 가치를 높이기 위해 사회적 가치를 희생할 필요 없이 사회적 가치를 극대화하기 위한 혁신을 시도할 수 있다. 사회적 기업들은 더 큰 인센티브를 받기 위해 사회적 가치를 더 높이고자 비즈니스 모델도 혁신하고, 새로운 사업 영역도 개척할 것이다. 혁신은 또다시 사회적 가치를 높임으로써 더 많은 SPC를 얻는 선순환으로 이어질 것으로 기대된다.

뿐만 아니라 SPC는 사람들의 다양한 동기를 자극해 사회적 기업 생태계를 더 폭발적으로 성장시킬 것이다. SPC는 그 자체로 금전적 인센티브에 동기 부여되는 사람들이 사회적 기업을 창업하거나 혹은 사회적 기업에 투자하도록 자극할 것이다. 한편 비금전적 인센티브 제도와 혼합된 형태로 운영된다면 칭찬이나 훈장과 같은 비금전적 인센티브에 자극받는 사회적 기업가나 사회적 투자자들도 사회적 기업 생태계 내로 유입될 것이다.

SPC를 통해 사회적 기업이 투자를 유치하고, SPC가 기업의 자산으로 사회적 기업의 지속가능성을 높이는 데 기여하게 되면 사회적 기업을 창업할 수 있는 공간도 넓어지게 된다. 사회적 기업을 창업하는 것을 두려워하거나 망설였던 예비 기업가들도 자신감을 가지고 사회적 기업을 창업할 수 있을 것이며, 혁신적인 아이디어를 가진 인재들도 사회적 기업 영역으로 유입될 것이다.

아울러 이전에는 사회적 기업으로 분류되지 않았던 비영리 조직 또는 영리 기업 중 일부가 사회적 기업의 영역으로 유입될 것이다. 예를 들면 기부금을 기반으로 사회 문제 해결에 기여하던 비영리 조직이 SPC에 힘입어 사회적 기업화될 수도 있다. 이들은 비즈니스 모델을 도입해 수익을 창출할 것이다. 초창기 운영비는 SPC가 메워줄 수 있다. 그러다가 점차 비즈니스 모델의 혁신을 통해 수익 활동만으로도 운영비의 충당이 가능한 곳도 늘어날 것이다. 이렇게 되면 비영리 조직은 기부금을 모으는 데 집중하던 역량과 자원을 사회적 가치를 높이는 데 집중할 수 있게 되어 더 큰 사회적 가치 창출이 가능해진다.

이 과정을 다시 한 번 정리해보면 다음과 같다. 사회적 가치를 측정할 수 있는 기준을 만들고, 사회적 가치가 창출된 정도에 따라 인센티브가 주어지면 사회적 기업이 보다 혁신적으로 사회 문제 해결에 참여하고 더 많은 사회적 가치를 창출하도록 유도할 수 있다. 다시 말해 사회적 기업들이 동일한 자원으로 더 가치 있는 일에 활용할 수 있도록 만들어주는 것이다.

또한 사회적 기업은 사회적 가치를 높임으로써 재원의 확보가 가능해지고, 이를 통해 지속가능한 기업이 될 수 있다. 이러한 성공 사례가 나타남에 따라 사회적 기업을 창업할 수 있는 기회가 확대되고, 투자 자금과 인재가 활발히 유입될 것이다. SPC를 통해 사회적 기업 생태계로 유입되는 자금과 인재가 확대됨으로써 기존의 사회적 기업 영역은 더욱 확대되고, 사회 문제 해결에 동참하는 사회적 기업의 수도 획기적으로 증가하게 될 것이다.

이 같은 꿈이 지나치게 장밋빛인 것만은 아니다. 다만 사회적 가치의 측정 기준과 인센티브 제도가 본래의 취지와 어긋나지 않도록 지속적으로 개선해야 함은 분명해 보인다. 현실적으로 인센티브 시스템을 위한 완벽한 측정 기준을 만들 수는 없다. 또한 측정 결과에 비례해 인센티브를 지급하는 제도도 완벽할 수 없다. 따라서 불완전한 측정 기준을 더 완벽하게 보완하고, SPC의 지급 규모와 조건이 잘 조화가 되도록 하는 방향으로 꾸준한 개선이 이뤄져야 한다.

더구나 우리 사회의 기술, 자본, 인력이 계속 바뀌고, 사회 문제의 종류, 크기가 변하는 환경적 변화를 주기적으로 반영해야 하는데 이는 쉬운 일이 아닐 것이다. 만약 지속적으로 개선이 이루어지지 못한다면 인센티브 제도의 문제점이 드러날 것이고, 제도의 취지를 제대로 살리지 못한 채 정치적·사회적 도전을 받게 될 것이다.

또 한 가지 우려되는 점은 사회 구성원들이 어떤 인센티브에 동기 부여되느냐에 따라 SPC 제도의 본래 의미가 훼손될지도 모른다는 것이다. 나는 인센티브 제도가 사회적 기업의 생태계를 활성화시키는 마중물로서 역할을 해야 한다고 생각한다. 사회적 기업의 생태계는 스스로 진화·발전할 수 있어야 하며, 인센티브 제도는 촉매제로서의 역할을 해야 한다. 이러한 본래 의미가 훼손되지 않기 위해서는 사회 구성원의 동기가 건강해야 한다. 만약 사회 구성원 대부분이 금전적 인센티브에 동기 부여가 되는 사람이라면 어떻게 될까?

우리는 집단 이기주의로 인해 존재 가치가 충분한 제도가 무력화되는 것을 많이 경험했다. 제도가 잘못되어가는 것을 인식하고 개선하려 해도 기존 제도하에서 기득권을 유지하려는 사람들이 많아지면 종종 정치적 압력이나 사회적 저항으로 나타나기도 한다.

만약 SPC가 더 이상 사회적 기업 간의 선의의 경쟁과 사회적 기업의 지속적인 혁신에 대한 동기를 유발하지 못하고, 사회적 기업들이 금전적 인센티브에만 안주하려는 상황이 발생한다면 금전적 인센티브를 폐기해야 할지도 모른다. 하지만 사회 구성원 중에 금전적 인센티브에 반응하는 사람이 대부분이라면 금전적 인센티브를 줄이려는 제도적 개선에 저항하는 움직임이 나타나 인센티브 제도는 목표를 달성하지 못하고 표류하게 될 것이다.

금전적 인센티브에 반응하는 사람들이 대부분이라면 한번 빗나가 버린 제도는 복원력을 상실하게 된다. 제도가 원래의 목적과 달리 이탈해버리면, 이를 복원하기 위해 정부의 막대한 재원이 소요될지도 모른다. 그렇게 된다면 인센티브 제도는 더 나은 사회를 위한 '마중물'이 아니라 족쇄이자 걸림돌이 될 것이다.

더욱 우려되는 것은 기존의 사회적 기업들도 금전적 인센티브에 의해 변질되는 것이다. 사회적 기업은 사회 문제 해결을 통해 사회적 가치를 창출하겠다는 사회적 소명을 수행하는 기업이다. 이 세상에 금전적 동기만 있다면 사회적 기업은 애당초 생겨나지도 않았을 것이다.

사회적 기업은 사회적 소명이라는 이타적 동기에 의해 조직의 정체성을 유지해야 한다. 만약 SPC의 도입이 자칫 사회적 기업의 정체성을 흔들게 된다면 이는 첫 단추부터 잘못 끼운 것이라고 할 수 있다. 따라서 우리는 SPC와 같이 당장 시급한 사회 문제를 해결하는 획기적인 방안도 고민해야 하지만, 사회 문제 해결 방식의 건강성과 지속가능성도 고려해야 한다.

이런 맥락에서 SPC라는 금전적 인센티브 제도의 필요성을 역설하면서도 그 한계가 있음을 인정하고, 비금전적 인센티브 제도와 같은 보완책을 함께 제안한 것이다. 다음 장에서는 보다 근본적으로 사회 문제 해결 방식의 지속가능성을 높이는 방법에 대해 살펴볼 것이다.

인센티브에 연연하지 않고 스스로 동기 부여되는
이타적인 사람들에 주목하라.
이들은 '사람'을 보고, '사람의 행복'을
혁신의 방향으로 놓고 추구한다.
이들은 이기적 동기에 의해
움직이는 사람과는 분명히 구별될 것이다.

4장

우리가 꿈꾸는
세상을 위하여

촌장과 마을 사람들이 고양이에게 생선을 주어 쥐를 잡게 하자 쥐의 숫자는 크게 줄어들었다. 하지만 시간이 지나자 쥐의 숫자는 더 이상 줄지 않았다. 일부 고양이들이 쉽고 편한 방법으로만 쥐를 잡았기 때문이다. 이들은 어미 쥐보다는 만만한 새끼 쥐를 잡았고, 쥐를 잡기가 힘든 하수구는 피했다. 어미 쥐를 잡든, 새끼 쥐를 잡든, 어느 지역에서 쥐를 잡든 보상은 동일했기 때문이다.

　하지만 쥐 잡는 것을 즐기는 흰 고양이를 관찰해보니 위의 고양이들과는 달랐다. 이들은 새끼를 낳을 수 있는 어미 쥐를 먼저 잡았고, 쥐를 잡기 힘든 하수구도 전혀 꺼려 하지 않았다.

　촌장과 마을 사람들은 흰 고양이가 쥐 사냥을 하는 것을 보고 무릎을 쳤다. 그리고 흰 고양이에 맞춰 생선을 주는 기준을 바꿨다. 예를 들면 기존에는 어미 쥐든 새끼 쥐든 관계없이 쥐 열 마리에 생선 한 마리를 주었다면, 어미 쥐를 열 마리 잡은 경우에만 생선 한 마리를 주고, 새끼 쥐는 스무 마리를 잡은 경우에만 생선 한 마리를 주는 식이었다.

　그러자 생선을 받아야만 쥐를 잡던 검은 고양이들도 흰 고양이들과 같은 방식으로 쥐를 잡기 시작했고, 쥐의 숫자는 다시 줄어들었다. 이후에도 쥐의 숫자가 줄어드는 것이 정체되면, 촌장과 마을 사람들은 다시 생선 지급 기준을 바꿈으로써 쥐의 숫자를 계속 줄여나갔다.

이런 과정을 거치면서 촌장은 쥐 잡는 것을 즐기는 흰 고양이들이 없거나 적다면, 이들의 행동을 기준으로 쥐를 지속적으로 줄여나가는 방법을 마련하기 어렵다는 것을 깨달았다. 결국 흰 고양이가 가장 필요한 중요한 존재임을 알게 되었다.

인센티브 제도가 전부는 아니다

SPC라는 금전적 인센티브 제도가 잘 작동하는 사회를 상상해보자. 창업을 주저하고 있었던 많은 잠재적 사회적 기업가들이 새롭게 사회적 기업을 창업하고, 여러 인재를 고용해 사업을 시작할 것이다. 사회적 기업의 가치가 향상됨에 따라 투자 수익을 회수할 수 있는 가능성이 높아지면서 더 많은 자본이 사회적 기업 영역으로 유입될 것이다.

이렇게 인재와 자본이 몰리면서 사회적 기업의 생태계가 활성화될 것이다. 창업자, 투자자, 사회적 기업에서 일하고자 하는 사람,

사회적 기업을 지원하는 중간지원기관(intermediary)도 함께 양적으로 성장하고 질적으로 변화할 것이다. 정부도 정책이나 예산을 운용할 때 사회적 기업의 역할을 기대해서 일감을 많이 주려고 할 것이고, 기업들도 CSR 활동의 연장선상에서 사회적 기업에 투자하고 지원할 것이다. 이 모든 변화는 사회 문제를 해결하는 데 긍정적으로 작동할 것이다.

금전적 인센티브 제도가 분명히 이 같은 효과를 가져올 것이라고 나는 믿는다. 그럼에도 불구하고 금전적 인센티브 제도의 긍정적 효과는 영원히 지속되지 못할 것이다. 그 이유는 사람들의 금전적 욕망이 너무 커져서 사회적 가치 측정을 왜곡하거나 속이는 경우가 있을 수 있기 때문이다.

처음에는 제도를 잘 따르지만, SPC 제도를 부정한 방법으로 악용하려고 하는 사람들이 나타날 수 있다. 이를 방지하려면 사회적 기업이 창출하는 사회적 가치가 정확히 측정되었는지 모니터링하는 활동이 중요해지고, 이를 위한 비용도 증가할 것이다. 개별 기업의 재무제표에 대한 분식을 방지하고 신뢰성을 높이기 위해 회계 법인에 의한 감사(監査) 기능이 강화되었듯이, 사회적 가치가 정확히 합의된 기준에 의해 엄밀하게 회계적으로 계산되었는지를 감사하는 시스템도 갖추어져야 할 것이다.

사회적 기업의 수가 증가할수록 사회적 가치를 측정하는 일, 그리고 사회적 가치가 엄밀하고 정확하게 측정되었는지를 감사하는 일은 반드시 필요한 일이지만 사회적 비용으로 작용할 것이다. 이러한 사회적 비용이 사회 문제 해결을 통해 얻을 수 있는 편익보다 크다면 제도는 존속 이유를 상실하게 될 수도 있다.

비금전적 인센티브 제도에도 한계점이 있는데, 바로 희소성의 가치다. 비금전적 인센티브, 예를 들어 '칭찬'을 무한정 줄 수는 없다. 지나치면 칭찬으로서 가치가 떨어지고 동기 부여가 되지 않는다. 비금전적 인센티브는 적당한 수준으로 활용되어 희소성이 인정될 때 비로소 그 효과를 발휘할 수 있다. 사회적으로 인정받는 명망가들은 극소수에 불과하기에 빛나는 것과 같은 이치다. 따라서 너무 많은 훈장이 제공되고 너무 많은 명예 수상자가 나타난다면 그 명예의 가치는 현격히 줄어들 수밖에 없다.

결국 사회 문제를 지속가능하게 해결하는 가장 근본적인 방법은 사회적 기업이 금전적·비금전적 인센티브에 의해 동기 부여되는 것이 아니라 스스로 사회적 소명을 수행하도록 하는 것이다. 이를 위해서는 외재적인 동기가 아니라 자발적이고 적극적으로 사회 문제 해결에 참여하는 또 다른 동기를 가진 사람들에 주목할 필요가 있다. 바로 금전적·비금전적 인센티브 모두에 연연하지 않고 스스로 동기 부여되는 이타적인 사람들이다.

이타적인 사람들이 버팀목

우화에는 생선을 받지 않더라도 스스로 동기 부여되어 쥐를 잡는 흰 고양이들이 등장한다. 이런 고양이들처럼 스스로 사회 문제 해결을 즐기는 사람들을 상정해보자. 이들은 무슨 대가를 바라고 사회 문제 해결에 참여하는 것이 아니다. 정도의 차이는 있어도 자신의 이익이나 시간을 희생하면서 자발적으로 사회 문제 해결에 참여한다.

이들은 무슨 이유로 사회 문제 해결에 앞장서는 것일까? 이들을 움직이게 하는 동기는 바로 자기애(自己愛)를 바탕으로 한 타인(가족이나 지인보다 넓은 범위의 타인)에 대한 사랑이라고 할 수 있다. 이런 사랑의 실천이라는 내재적 동기에 의해 움직이는 사람이 바로 이타적인 사람이다.

사회 전체에서 보면 아주 적은 숫자지만, 찾아보면 누가 알아주지 않아도 오랜 시간 이타적 행동을 실천하는 사람들이 있다. 사회적 기업이나 비영리 재단 등에서 활동하는 사람들이 그런 실례다.

우리는 이런 이타적인 사람이 얼마나 있는지도 모른다. 어떤 사람이 이타적인지 아닌지 분간하기도 어렵다. 어렵게 행상을 해서 번 목돈을 모두 장학금으로 기부하는 할머니의 기사가 나오면 그 할머니가 이타적인 동기로 기부를 실천한 훌륭한 사람이라고 알 수 있지만, 그 행동 전에는 그분이 이타적인 동기를 가지고 있는 사람인지 알 수가 없다. 또 이기적 동기에서만 행동하던 사람이 어떤 계기를 맞아 이타적으로 변하기도 한다.

이런 이유로 우리는 이타적 동기를 가지고 행동하는(혹은 행동할) 사람이 얼마나 있는지 알 수 없다. 하지만 이들 이타적인 사람들이 사회적 기업 생태계에서 큰 역할을 해줄 것으로 기대한다.

인센티브 제도가 도입되면 주로 금전적 동기에 반응하는 사람들이 가장 많이 사회적 기업 생태계로 유입될 것이다. 따라서 사회적 기업의 수가 늘어나는 효과를 불러오고, 동기 측면에서 본다면 금전적 동기에 의해 움직이는 사람들의 수가 늘어날 것이다. 앞서 지적했듯이 인센티브 제도의 부작용이 생겨날 수밖에 없는 이유다. 이렇게 될 경우 이타적인 사회적 기업가가 생태계 내에서 복원력 역할이나 방부제 역할을 해줄 수 있을 것이다.

이타적인 사람들이 존재하기 때문에 생태계는 일시적으로 제도가 잘못된 방향으로 나아가더라도 복원력을 갖게 된다. 이타적인 사람들은 인센티브 자체에는 거의 영향을 받지 않고 사회 문제를 근본적으로 해결하기 위해 애쓴다. 따라서 인센티브 제도를 수정해가는 데 이타적인 사람들을 기준으로 삼으면 제도가 궁극적으로 지향해야 하는 방향을 제대로 잡아나갈 수 있다. 즉 이타적인 사람들은 배가 침몰하지 않게 복원력을 유지하는 평형수의 역할을 하는 것이다. 뿐만 아니라 이타적인 사람들은 부정한 방법으로 인센티브 제도를 악용하려는 마음을 그들의 모범적인 행동으로 정화시켜나가는 정수기 같은 역할도 할 것이다.

그렇다면 다른 동기, 즉 이기적 동기에 의해서 행동하는 사람들은 역할이 없는 것일까? 사회적 기업 생태계 속에서 금전적 동기에 의하거나, 비금전적 동기에 의해 행동하는 사람들 모두 사회 문제 해결에 기여한다는 점에서 필요한 존재들이다.

먼저 금전적 인센티브에 의해 동기 유발이 되는 사람들은 사회적 기업 생태계의 성장과 발전을 위해 필요하다. 이들이 비록 금전적 인센티브를 바라고 사회적 기업계에 참여한다 할지라도 이들의 참여는 환영할 일이다. 이들로 인해 투자 자금과 뛰어난 인재의 유입으로 규모의 경제를 달성하는 방향으로 지속적 혁신이 가능할 수 있기 때문이다.

실제로 이들은 사회적 기업 생태계의 활발한 선순환 구조를 만들고, 사회 문제 해결의 규모를 키우는 원동력이 될 것이다. 이들이 생태계에서 차지하는 비중이 제일 클 것이므로 가장 중심적 역할을 하게 될 것이다. 비금전적 인센티브에 의해 동기 유발되는 사람들도 성공적인 롤 모델이 되어, 많은 사람들이 사회적 기업계에 들어오고 사회적 기업의 숫자도 충분히 많아질 수 있도록 하는 데 기여할 것이다.

그럼에도 불구하고 이타적인 사람들이 더 중요하다고 주장하는 이유는 그들이 추구하는 혁신의 방향성 때문이다. 이기적 동기를 가진 기업가는 재무적 성과를 크게 하는 방향으로 혁신을 추구한다. 하지만 이타적인 사회적 기업가는 다르다. 하나의 문제가 해결되어 사람들의 삶이 어떻게 달라졌는지, 얼마나 더 행복하게 될 것인지에 주목한다. 이들은 사람들의 행복을 위해 혁신을 추구한다.

이기적 동기의 사업가는 주로 문제 해결을 위한 혁신의 방향성을 규모의 경제(economies of scale)에 두는 반면, 이타적 동기의 사업가는 범위의 경제(economies of scope)에 둔다고 비유할 수 있다.* 달리 말하면 이기적 동기의 사업가는 성과를 양적으로 크게 만들기 위해 규모의 경제를 실현하고자 혁신을 추구한다. 규모의 경제를 달성하게 되면 보다 적은 비용으로 많은 성과를 달성할 수 있고, 이러한 혁신을 통해 자신의 동기를 충족시킬 수 있다.

이기적 동기를 가진 사업가는 1,000명의 결식아동의 문제를 해결하면 그다음에는 5,000명의 결식아동의 문제를 해결하는 방향으로 혁신을 추진할 것이다. 이기적 동기를 가진 사업가의 입장에서는 비용이 가장 적게 투입되면서도 인센티브를 최대로 확보할 수 있어야 이익이므로, 규모의 경제를 추구하는 방향으로 혁신을 해나가는 것이다.

반면 이타적 동기의 사업가는 단순히 양적 확대를 통한 혁신보다는 더 근본적인 문제 해결을 위해 문제 상황에 처해 있는 사람들에 주목한다. 이들은 1,000명의 결식아동 문제를 해결하기 위해서 지원하는 결식아동의 수를 늘리는 데 그치지 않고 아동의 영양 상태나 건강 상태는 어떤지, 결식 문제가 일어나는 원인은 무엇인지, 결식으로 인해 파생되는 또 다른 문제는 없는지, 결식아동이 교육에

|Tip|

이타적인 사람들의 문제 해결 방법 : 범위의 경제 추구

일반적으로 규모의 경제는 생산 규모가 커질 때 비용이 감소하거나 수익이 증가하는 현상을 의미한다. 범위의 경제는 두 가지 이상 상호 관련성이 있는 사업을 함께 하는 것이 각각 독립적으로 하는 것보다 비용이 적게 드는 현상을 말한다.

나는 이 두 가지 현상을 조금 다른 관점에서 해석해보았다. 생산 규모를 늘리거나 두 가지 상호 관련성이 있는 사업을 동시에 할 때 감소되는 비용을 단순한 생산 비용으로 생각하지 않고, 사회 문제를 해결하는 데 소요되는 사회적 비용으로 해석해보았다. 이에 따르면, 규모의 경제 차원에서 사회적 기업이 서비스의 규모를 늘리면 그만큼 적은 비용으로 더 많은 사회 문제를 해결할 수 있다. 아울러 범위의 경제 차원에서 사회적 기업이 특정 사회 문제를 총체적으로 해결할 수 있는 복합적인 접근을 할 경우 더 적은 비용으로 해당 사회 문제를 근본적으로 해결할 수 있게 된다.

이러한 관점에서 두 가지 방식 모두 사회적 기업이 지향해야 하는 혁신 방식으로 모두 중요하다고 생각한다. 다만 단순히 규모를 늘리는 것보다 다면적인 측면을 고려한 다양하고 복합적인 접근 방법을 통해 특정 사회 문제를 보다 근본적이고 총체적으로 해결하는 것이 더 필요하다는 생각이다. 특히 이러한 다면적인 접근을 하려면 해당 문제로 고통받고 있는 '사람'에 대해 더 많은 관심과 연구가 필요하다. 따라서 이러한 혁신은 '사람'에 주목하는 이타적인 사람들의 혁신 방법에 더 가깝다고 본다.

예를 들어 노숙자들에 대한 지자체와 사회복지단체의 일반적인 구호 방법은 식사와 잠자리를 제공하는 것이다. 하지만 하루하루의 의식주를 제공하는 방법은 노숙자 문제를 근본적으로 해결하는 지속가능한 방법이 아니라는 비판이 많았다. 뿐만 아니라 무상으로 의식주를 제공하는 것이 오히려 노숙자들의 자존감이나 존엄성을 해친다는 비판도 있었다. 이에 최근에는 일부 사회복지단체들이 노숙자들에게 스스로 자립할 수 있는 일자리를 알선해주거나, 노숙자들에게 시와 소설 같은 인문학을 가르쳐 스스로 존엄성을 키우도록 하고 있다. 하지만 이러한 방식은 지속가능성에 있어서 한계가 있다.

사회적 기업은 이 문제에 대해 보다 근본적인 해결책이 될 수 있다. 노숙자들에게 단순히 일자리를 제공하는 수준을 넘어서서, 사회적 기업의 운영 방식을 통해 자연스럽게 노숙자들의 자존감을 높여 사회로 복귀할 수 있는 자생력을 길러주는 것이다. 예를 들면 뉴욕 시에는 도우재단이라는 사회적 기업이 있다. 이 재단은 뉴욕 거리의 노숙자들이 거리를 청소해 스스로 돈을 벌 수 있도록 한다. 아울러 교육과 식사, 잠자리를 제공한다. 흥미로운 점은 노숙인 출신 청소부들은 스스로 번 돈으로 도우재단에서 제공하는 교육, 식사, 잠자리에 대한 비용을 지불해야 한다는 점이다. 이러한 방법에 대해 비판하는 사람들도 있고, 완벽한 방법은 아니라는 논란도 있다. 하지만 이러한 방식이 노숙자들의 존엄성을 바로 세웠다는 데는 이견이 없다.

다른 예를 살펴보자. 영국에서 시작되었으며, 한국에서도 활동 중인 '빅 이슈'는 노숙자들이 구걸 대신 잡지를 판매하게 하는 사회적 기업이다. '빅 판'이라 불리는 노숙자 출신 판매원들은 '빅 이슈'로부터 원가에 잡지를 구매한 뒤, 정해진 수익을 더해 길거리에서 독자들에게 판매한다. '빅 판'들은 잡지 판매 수익을 저축하는 등 자립을 준비하는 데 활용한다. '빅 이슈'는 노숙자들을 위한 '노숙자 월드컵 축구대회'도 열고, 이들의 꿈을 실현해나가는 사연을 잡지에 싣기도 한다. 이를 통해 많은 노숙인들이 존엄성과 자존감을 회복하고, 다시 사회로 복귀하고 있다.

이처럼 이타적인 동기를 가진 사회적 기업가는 사회 문제를 해결하고자 하는 시각이 근본적으로 다르기 때문에 범위의 경제를 확장해가는 방식으로 보다 혁신적으로 사회 문제를 해결한다.

서 소외되지는 않는지 등의 문제를 종합적으로 살펴본다.

이는 사회 문제를 드러나는 현상 자체만을 본 것이 아니라 사람에게 초점을 맞춘 것이고, 사랑의 실천을 위해 문제를 해결하려 한 것이다. 이러한 측면에서 이타적 동기의 사업가는 범위의 경제에 해당하는 혁신을 추구하고 있다.

나는 두 가지 유형의 혁신이 모두 중요하다고 생각한다. 그러나 혁신이 단지 규모의 경제에 한정된다면 사람의 문제를 총체적인 시각에서 바라보지 못한다. 따라서 혁신은 범위의 경제를 아우르는 방향으로 추구되어야 하며, 이타적인 사회적 기업가의 역할은 이러한 혁신을 주도한다는 데 있다.

이타적인 사람들이 추구하는 혁신의 방향성이 이렇게 다른 이유는 무엇일까? 진정으로 이타적인 사람은 문제를 해결하는 과정에서 겉으로 드러난 성과만을 보지 않는다. 다시 말해 이들은 '사람'을 본다. 이타적인 사람들은 사람에 초점을 맞춰 사랑을 실천하기 때문에 이기적인 동기를 가진 사람들과 분명히 구별될 수 있을 것이다.

예를 들어 100주년기념교회의 이재철 목사는 납세의 의무가 없음에도 불구하고 꾸준히 세금을 내는 사람으로 알려져 있다. 목회자가 되기 전 사업가일 때부터 단 한 푼도 빠짐없이 세금을 냈던 그는 세금을 "더불어 살기 위한 '첫 번째 나눔'이다"라고 설명하고 있다. 어려운 사람을 돕는 나눔은 두 번째 나눔이고, 세금을 제대로 내는 일이야말로 첫 번째 나눔이라는 것이다.

이재철 목사의 경우 종교인이 세금을 내는 것이 옳은가 그른가의 차원이 아니라, 세금을 나눔의 차원으로 전혀 다른 각도에서 바라보고 있는 것이다. 이처럼 이타적인 사람들은 인센티브의 유무, 사회 제도의 변화와 관계없이 근본적으로 '사람'을 위하는 일이 무엇일지 고민하고 행동한다. 즉 제도에 의해 강요되는 규범에 따르는 것이 아니라 자신의 소신과 신념에 따라 행동하는 것이다.

더 나아가 이타적인 사람의 행동이 주변으로 확산되어 일정 수준 이상의 집단적인 두드러진 행동으로 표출되면, 제도의 문제점이 드러나 이를 바로잡는 사회 운동이 발전하는 경우도 있다. 공립학교에서 가공식품을 사용하는 것을 반대하는 캠페인을 진행해온 영국 출신의 요리사인 제이미 올리버(Jamie Oliver)의 사례는 그중 유명하다. 올리버는 공립학교 조리사들을 대상으로 자연 영양식 조리법을 훈련시키고, 인스턴트 음식에 길들여진 아이들의 의식과 입맛을 바꾸기 위해 다양한 프로그램을 진행했다.

처음에는 젊고 특이한 요리사의 돌출 행동으로 여겨졌다. 하지만 아이들의 급식이 인스턴트 햄과 질 나쁜 육류로 만든 샌드위치나 햄버거가 주를 이루고, 냉동식품을 그대로 데워 배식하는 장면이 방송되자 영국 사회는 큰 충격을 받았다. 이를 통해 더 많은 사람들이 올리버의 캠페인에 동참했다. 결국 사회적으로 큰 공감대가 형성되어 학교 급식에 대한 추가 정부 예산을 확보하는 등 가시적인 성과를 거두게 되었다.

이러한 이타적인 사람들의 행동은 주변 사람으로 확산된다. 예를 들어 제이미 올리버에게 영향을 받은 아더 포츠 도슨(Arthur Potts Dawson)은 슈퍼마켓과 식당을 결합한 '피플스 슈퍼마켓(People's supermarket)'을 설립했다. 피플스 슈퍼마켓은 대형 슈퍼마켓 체인점에 밀려 자신의 상품을 판매할 기회조차 찾지 못하는 소규모 식재료 납품업자들의 어려움과, 요리를 하면서 남는 재료와 버려지는 음식에 대한 고민을 함께 해소하기 위해 지역 농산물을 직거래하는 슈퍼마켓이다. 뿐만 아니라 지역 주민이 직접 식료품의 공급과 판매, 소비를 할 수 있도록 지역 커뮤니티의 참여를 유도함으로써 피플스 슈퍼마켓은 점차 확산되어나가고 있다.

이처럼 이타적인 사람들은 자신의 신념을 꾸준히 실행에 옮김으로써 이타적 행동을 확산시키는 역할을 한다. 아직은 이타적인 사람의 수가 충분하지 않지만, 우리 사회에 이타적인 사람이 일정 수준 이상 많아진다면 이들의 두드러진 행동이 무척 자연스러운 행동이 되어 사회에 널리 확산될 것이다.

다만 일정 수준이 어느 정도여야 하는지는 나도 알 수가 없다. 그저 이상적인 사회라면 3분의 1은 되어야 하지 않을까 생각한다. 우리 사회 전체에서 이타적인 사람이 3분의 1이 되면 더욱 좋겠으나, 이것이 현실적이지 않다면 적어도 사회적 기업의 생태계 내에서라도 사회적 기업 중 3분의 1이 이타적인 사람들에 의해 경영되는 것을 목표로 삼을 수 있을 것이다.

이타적인 사람들을 키워내야

만약 우리 사회에 이타적인 사람들의 숫자가 충분하다면 사회 문제를 해결하는 데 큰 걱정이 없을 것이다. 물론 얼마나 많은 이타적인 사람들이 있어야 지속가능한 사회가 만들어질지 정확히 알 수 없다. 하지만 나는 지금 우리 사회에 이들의 숫자가 충분하지 않기 때문에 이들을 육성하는 것이 매우 시급한 과제라고 생각한다.

그렇다면 이타적인 사람들을 어떻게 키워낼 수 있을까? 나는 이타적인 사람들을 육성하기 위해서는 이들의 이타적인 성향이 잘 발현되고 사회 전체로 확산될 수 있는 환경이 조성되어야 한다고 생각한다. 특히 이들이 '사람'에 초점을 맞추어 사회 문제를 해결해나갈 수 있도록 공동체 정신의 함양이 필요하다고 본다.

이러한 공동체 정신에는 두 가지 근원적인 뿌리가 있다. 첫 번째는 종교적인 뿌리고, 두 번째는 지역적인 뿌리다. 예로부터 종교가 가진 이타주의 정신에 많은 사람들이 공감하고 그 가르침을 따랐다. 인류의 삶에 뿌리내린 종교 정신, 그리고 종교적 삶의 양식은 사회적 기업가가 더욱 이타적인 방향으로 발전하는 데 도움이 된다. 진심으로 다른 사람을 돕고, 그 과정에서 종교의 가르침을 실천하고자 하는 모습은 아무런 대가 없이 사회 문제 해결에 나서는, 사랑과 자비로 타인을 위해 자신을 희생하는 종교적 신념과 직접적으로 맞닿아 있다.

지역적인 뿌리 역시 매우 중요하다. 한국의 전통적인 가족 공동체와 촌락 공동체는 도시화, 산업화의 과정을 겪으면서 많이 와해되었다. 따라서 현대적 의미의 새로운 지역 공동체가 필요하다. 전통적인 촌락 공동체가 상호부조라는 전통 속에서 모든 구성원이 적어도 기본적인 생활 수준을 유지하는 데 초점을 맞췄다면, 현대적 의미의 지역 공동체는 좀 더 적극적인 기능을 담당해야 할 것이다. 즉 지역 공동체가 그 지역의 문제를 해결하고자 하는 이타적인 사람들이 이타심을 발휘하는 데 매진할 수 있도록 돕는 버팀목이 되어줄 수 있을 것이다.

종교 공동체와 지역 공동체는 그동안 기부, 봉사 활동 등을 통해 다양한 이타적인 활동을 확산시키고 지원해왔다. 이러한 활동은 개인이나 소수의 이익을 위한 것이 아니라 공동체 전체와 이웃 모두에게 도움을 주려는 목적을 추구한다. 따라서 종교 공동체와 지역 공동체는 이타적 동기에 의해 운영되는 사회적 기업을 확산시킬 수 있는 충분한 토대가 되어줄 것이다.

이와 같이 공동체가 사회적 기업이라는 도구를 활용한다면 공동체가 가진 이타적인 목적을 충분히 달성하면서도 보다 효율적으로 이타적인 활동을 추진할 수 있을 것이다. 예를 들면 종교 공동체는 각 종교가 표방하는 정신에 기초해 사회적 기업이 추구하고자 하는 목표를 설정하고, 이러한 목표를 달성하기 위해 매진하는 사회적 기업을 육성할 수 있을 것이다.

종교 및 지역 기반의 사회적 기업은 공동체 내부 혹은 외부와의 교류와 학습 과정을 거치면서 나름의 순수성을 지키면서도 외부의 영리 기업들과도 융화가 가능한 사업 아이템을 개발해 사회 문제를 해결할 수 있는 역량을 더 키울 수도 있을 것이다. 뿐만 아니라 연대, 협력, 공유의 정신에 어긋나는 순수하지 못한 의도를 가진 사회적 기업은 공동체 내에서 발붙일 수가 없게 되는 자정 기능도 할 수 있을 것이다. 특히 공동체 기반의 사회적 기업은 인센티브 제도의 왜곡이 생기거나 사회 환경이 변화하더라도 인센티브의 유무에 관계없이 사람에 초점을 맞춤으로써 꾸준히 이타적 활동을 실천해나갈 것이다.

최근 많은 교회와 사찰에서 주도적으로 사회적 기업과 사회적 협동조합을 설립하면서 기부와 봉사를 넘어 체계적으로 사회 문제를 해결하기 위한 활동을 시도하고 있다. 다만 아직은 성과를 논의하기에는 그 수와 영향력이 매우 미미한 수준이다. 물론 이러한 활동을 시작한 지 얼마 되지 않았지만 앞으로 사회적 혁신을 통해 특정 종교나 지역의 한계를 뛰어넘는 도전을 지속적으로 시도해 수많은 성공 사례가 나타난다면, 이타적인 공동체의 미래 발전 방향이 제시될 것이고, 더 많은 공동체가 사회적 기업에 참여할 수 있는 기반이 마련될 수 있을 것이다.

이타적 공동체가 사회적 기업 영역에 적극적으로 참여하도록 하기 위해서는 보다 많은 성공 사례가 나타나야 한다. 예를 들어 외부의 유능한 사회적 기업가가 이타적 공동체에 참여해 혁신을 이루고 성공하는 사례도 필요하다. 아울러 이타적 공동체가 자체적으로 유능한 사회적 기업가를 배출해내는 성공 사례도 필요하다. 다만 이타적인 성향과 사회 문제 해결을 위한 혁신과 경영 역량을 모두 갖춘 사회적 기업가는 매우 드물다.

따라서 이 두 가지 요소를 다 갖춘 인재를 육성하기 위해, 이타적 공동체에서 이타적 성향을 갖춘 기업가에게 사회 문제 해결을 위한

혁신, 경영 역량을 훈련시키거나, 사회 문제 해결 역량을 갖춘 인재
들에게서 이타적인 성향을 발현시키는 방안도 함께 마련해야 할 것
이다.

이처럼 종교 공동체, 지역 공동체로부터 이타적인 사회적 기업과
기업가들이 늘어날 수 있는 환경을 조성하는 것이 우리가 궁극적으
로 지향해야 하는 방향이다. 종교와 지역 공동체와 같은 이타적 공
동체가 주체가 되어 사회적 기업을 설립함으로써 보다 많은 이타적
인 사회적 기업이 출현하게 되고, 이들의 성과가 알려짐으로써 이
들을 모범 삼아 공동체 밖에서도 더 많은 이타적인 사회적 기업이
만들어질 것이다. 이를 통해 이타적인 사회적 기업이 일정 수준 이
상 증가하면 지속가능한 사회적 기업 생태계를 진화 · 발전시키는
기반이 되어줄 것이다.

이타적인 사회적 기업과 이타적인 사람들이 많아지면 가치 측정
기준도 윤리적으로 진화하고 인센티브 제도의 부작용이 발생하더
라도 복원력을 갖춤으로써, 금전적 · 비금전적 보상 자체가 불필요
해지는 사회가 도래하는 것이다. 이러한 사회는 사회적 가치 창출
이 사회 전체의 가치 트렌드로 자리 잡아 사회는 점점 더 긍정적으
로 변화하고, 사회 문제가 더 이상 증폭되지 않고 발생 자체가 억제
되는 우리가 꿈꾸는 세상이 될 것이다.

백색효과, 선순환의 고리

독자들 중에는 우리가 꿈꾸는 세상을 만드는 데 엄청난 시간과 노력, 그리고 비용이 든다고 생각하는 사람들도 있을 것이다. 하지만 나는 그 시간, 노력, 비용을 줄일 수 있는 긍정적인 요소가 있다고 생각한다.

가치 있는 일을 하려는 생각이 전염되는 효과를 생각해보자. 사람이라면 누구나 서로 다양한 영향을 주고받는다. 그 다양한 영향 중에서도 사회의 공공선을 가져오는 긍정적 영향을 백색효과라 칭해보자(내가 임의로 '백색효과'라고 이름 붙여 보았다).

백색효과는 거창하거나 어려운 개념이 아니다. 예를 들면 당신의 친구들이 친환경 제품을 쓰면서 환경 문제 해결에 동참하는 것을 당연시 여긴다면, 당신도 그 영향을 받아 친환경 제품을 구매할 확률이 높아질 수 있다. 이러한 효과도 백색효과다. 혹은 당신의 친구가 단순히 친환경 제품을 구매하는 것을 넘어서서 해양 기름유출사고 현장에 나가 바닷가 바위에 묻은 기름을 제거하는 봉사 활동을 열심히 한다면, 당신은 훨씬 더 큰 자극을 받게 될 것이다. 가령 친환경 제품을 구매하는 것을 넘어 최소한 환경 운동 단체에 소액 기부라도 하게 되지 않을까? 이러한 효과 역시 백색효과다.

이처럼 백색효과는 우리 주변에 일상적으로 존재하는 현상으로, 단지 사람이 주변의 영향을 받는다는 지극히 당연한 사실에서 출발한 개념이다. 이러한 백색효과를 관찰해본 결과 두 가지 현상을 발견할 수 있었다. 첫 번째는 주변에 이타적인 사람들이 많아지면 백색효과는 더 커진다는 것이다. 이는 백색효과의 양적인 확산을 설명한다. 두 번째 현상은 사람들은 더 이타적인 사람의 행동에 더 큰 영향을 받는다는 것이다. 이는 백색효과의 질적인 확산을 설명한다.

우선 백색효과의 양적 확산 현상을 살펴보자. 자녀 교육을 위해 세 번이나 이사를 했다는 맹자 어머니[14]의 이야기는 많이 알려져 있다. 이 이야기가 의미하는 바는 좋은 일만 전염되는 것이 아니라 나쁜 일도 전염될 수 있기 때문에 주변 환경이 중요하다는 뜻이다.

이를 달리 말하면 인간의 본성에는 착한 성향과 나쁜 성향이 모두 잠재되어 있다는 것이다. 우리는 주변에서 그런 예를 많이 봐왔

---

14 맹모삼천지교(孟母三遷之敎)는 전한(前漢) 말의 학자 유향(劉向)이 지은 《열녀전(列女傳)》에 나온다. 맹자가 어머니와 처음 살았던 곳은 공동묘지 근처였는데, 맹자는 주변에서 늘 보던 장례 흉내를 내며 놀았다. 이 광경을 보고 맹자의 어머니는 아이와 함께 살 곳이 아니구나 하여 이사를 하게 되었다. 그런데 하필 시장 근처고, 이번에는 맹자가 시장에서 물건을 사고파는 장사꾼들의 흉내를 내면서 노는 것이었다. 맹자의 어머니는 이곳도 안 되겠다 싶어서 글방 근처로 이사했다. 그랬더니 맹자가 제사 때 쓰는 기구를 늘어놓고 절하는 법이며, 나아가고 물러나는 법 등 예법에 관한 놀이를 하는 것이었다. 맹자 어머니는 이곳이야말로 아들과 함께 살 만한 곳이구나 하고 그곳에 머물러 살았다고 한다. 이러한 어머니의 노력으로 맹자는 유가(儒家)의 뛰어난 학자가 되어 아성(亞聖)이라고 불리게 되었으며, 맹자 어머니는 현모양처(賢母良妻)의 으뜸으로 꼽히게 되었다.

다. 특히 최근 극단적인 이기주의와 비뚤어진 자본주의로 인해 더 많은 사회 문제가 생겨나고 있다. 극단적인 이기심을 가진 사람들이 많아지고, 이를 더 부추기는 환경이 만들어질수록 사회 문제는 더 많이 발생하는 반면, 이를 해결하려는 사람은 더 줄어들 것이다. 반대로 주변에서 이타적인 사람들이 더 많아지고 이들을 독려하는 환경이 조성된다면, 사회 문제를 줄이려는 노력도 더 많아질 것이고 백색효과도 더 커질 것이다. 이를 사회적 기업 생태계에 적용해 본다면, 사회적 기업의 숫자가 많아지면 백색효과도 커질 것이다.

그 이유는 다음의 두 가지 이유 때문이다. 첫째, 사회적 기업의 등장은 사람들의 이타적인 행동의 선택지를 넓혀준다. 기존에 단순히 비영리 조직에 기부하거나 자원봉사를 하는 정도가 이타적 행동이었다면, 사회적 기업의 등장으로 인해 사회적 기업의 제품을 소비하는 것, 사회적 기업에 취업하거나 사회적 기업을 창업하는 것, 사회적 기업에 투자하는 것 등 매우 다양한 이타적 행동이 가능해진다. 백색효과가 더욱 확산될 수 있는 환경이 조성되는 것이다.

사회적 기업의 숫자가 많아지면 백색효과가 더 확산되는 두 번째 이유는 사회적 기업의 숫자가 많아질수록 사회적 기업 활동이 마치 사회 규범처럼 당연시되는 활동으로 자리 잡기 때문이다. 이처럼 사람들이 사회적 기업 활동에 동참하는 것이 일종의 사회 규범처럼 더 강조되는 환경이 조성된다면 백색효과는 더욱 확산될 수 있다.

백색효과의 두 번째 현상은 이타심이 더 많은 사람으로부터 더 큰 영향을 받는다는 것이다. 이를 사회적 기업 생태계에 적용해보면 금전적 인센티브에 동기 부여되는 사람보다 이타적 동기로 행하는 사람이 주위 사람들에게 더 큰 영향을 미친다.

이러한 질적인 변화는 사회적 가치의 명확한 측정이 수반될 때 더욱 증폭될 수 있다. 사회적 기업가들은 사회적 가치 측정을 바탕으로 자신의 기업 활동이 사회 문제를 얼마나 해결하고 있는지 알게 되고, 그 효과를 더 높이는 방법은 무엇인지 고민하게 된다. 이처럼 질적인 효과를 고민하는 기업가들은 주변의 다른 사회적 기업가들이 사회 문제를 더 혁신적으로 해결하는 것을 보고, 그들을 닮아가거나 혹은 그들보다 질적 효과를 더 높이는 해결책을 찾으려고 노력하게 된다. 사회 구성원들 역시 사회적 가치를 더 크게 만드는 사회적 기업 활동에 참여하거나 이를 지지할 것이다. 이를 통해 사회 문제를 해결하는 데 효율적인 자원의 배분이 가능하게 된다.

이와 같은 사회적 가치 측정의 효과에 인센티브 제도의 효과가 덧붙여지면 백색효과는 더욱 질적으로 확산될 수 있다. 그 이유는 인센티브 제도가 개인의 희생을 경감시켜주기 때문이다. 예를 들어 인센티브 제도가 없는 상태로 사회적 기업에 투자하려는 사람이 있다고 하자. 이 투자자는 원래 1억 원 정도를 투자하려고 하지만, 과연 투자금을 회수할 수 있을지, 투자 대비 얼마만큼의 사회적 가치를 창출할 수 있을지 알 수 없어 불안하다. 투자자는 스스로 그 위험을 감내하고 1억 원의 투자를 결정해야 한다.

하지만 인센티브 제도가 도입된다면 투자자의 위험 부담은 줄어들 수 있다. 만약 인센티브 제도가 투자 위험도를 10분의 1로 줄일 수 있다면, 인센티브 제도가 없을 때 1억 원을 투자하는 위험은 인센티브 제도가 있을 때 10억 원을 투자하는 위험과 맞먹게 된다. 즉 투자자가 인센티브 제도가 없을 때도 1억 원을 투자할 수 있는 사람이라면 투자 여력이 충분하다는 가정하에 인센티브 제도가 도입되면 10억 원의 투자도 가능하다는 이야기다.

1억 원을 투자하려던 투자자가 인센티브 제도를 통해 10억 원을 투자하게 된다면, 투자자의 주변 사람들과 타인에게 퍼지는 백색효과도 엄청날 것이다. 투자를 망설이던 사람들 10명에게 긍정적인 변화가 생겨 각각 1억 원씩 투자한다면 사회적 기업에 대한 추가 투자가 10억 원이 생길 것이고, 이 변화는 더 많은 사람들의 변화를 불러오게 될 것이다. 이러한 현상은 경제적인 부, 사회적인 존경과 관계없이 일어난다. 다시 말해 내가 설명하는 질적인 변화는 사회적 가치를 만들어내고자 하는 이타심을 바탕으로 일어나는 것이다.

인간은 역사적으로 이미 여러 가지 변혁을 겪어왔다. 산업혁명과 정보화를 통해서 사회 전반적으로 큰 변혁을 경험했다. 하지만 그 동안의 변혁과 우리가 앞으로 겪어내야 할 변혁은 커다란 차이가 있다. 산업혁명과 정보화는 경제적 부에 대한 욕망을 바탕으로 일어났지만, 내가 꿈꾸는 변혁은 이타심을 기반으로 하고 있기 때문이다.

따라서 사회적 가치 측정 기준의 도입을 통해 스스로 더 이타적으로 변하는 것이 사회적 가치를 더 높이는 변화를 가져온다는 것을 직접 경험하게 된다면 이러한 변화는 더욱 커질 것이다. 뿐만 아니라 인센티브 제도를 통해 이타적 행동을 하는 사회적 기업이 양적·질적으로 증가한다면 백색효과도 더욱 커질 것이며, 이타적인 동기로 사회적 기업을 운영하는 사람들의 숫자도 더욱 증가할 것이다. 다시 말해 인센티브 제도가 사회적 기업 생태계의 선순환을 만드는 일종의 마중물이라면, 백색효과는 사회적 기업 생태계가 스스로 물을 내뿜는 속도와 양을 더 빠르게 더 키우는 역할을 하며, 사회적 기업 생태계의 선순환 작동을 증폭시키는 핵심적인 요소가 될 것이다. 이러한 선순환 구조가 제대로 작동한다면 사회 문제를 근본적으로 풀 수 있는 단초가 될 것이며, 나아가 자본주의 패러다임의 전환을 가져오는 계기도 마련할 수 있을 것이다.

불행하게도 아직까지 우리 사회에 백색효과가 얼마나 일어나고 있는지 정확하게 그 크기를 측정할 방법이 없다. 하지만 나는 경험을 통해 백색효과가 이미 상당한 규모로 존재한다고 믿는다. 이는 SK그룹의 다양한 사회적 기업을 운영해본 나의 경험에 근거한 것으로, 다음 5장에서는 이를 간략하게 살펴볼 것이다(자세한 이야기는 별책《행복한 동행》에 실려 있다).

나의 제안을 마무리하며

우리 사회에는 매우 다양한 사회 문제가 엄청난 속도로 증폭되고 있지만, 사회 문제를 해결하기 위한 기존의 방안들은 이 속도를 따라가지 못하고 있다. 이미 정부, 비영리 조직, 영리 기업 등 주체들이 각자의 영역에서 해결을 위해 노력하고 있지만 기존의 사회 문제 해결 주체들은 대부분 한계에 도달한 것이다.

이런 상황에서 사회적 기업은 그동안 사회 문제 해결을 위해 시도됐던 기존 방식을 보완할 수 있는 새로운 해결사가 될 수 있다. 사회적 기업은 비영리 조직처럼 사회 문제 해결을 미션으로 삼고, 영리 기업처럼 영업 활동을 통해 지속가능성을 추구한다. 따라서 사회적 기업은 사회 문제를 해결하기에 가장 효율적이고 지속가능한 '맞춤형' 전문가라고 할 수 있다. 하지만 사회적 기업은 아직까지 그 숫자도 적고 문제 해결 역량도 작다. 사회적 기업의 숫자와 문제 해결 능력을 키우기 위해서는 사회적 기업이 성장할 수 있는 토양인 사회적 기업 생태계가 달라져야 한다.

이 책은 SK의 경험을 바탕으로 사회적 기업 생태계가 활성화될 수 있는 방법을 정리한 것이다. 결론부터 이야기하면 사회적 가치 측정 기준과 사회적 가치에 기반한 인센티브 제도를 도입하자는 것이다. 동시에 사회적 기업 생태계를 뒷받침할 이타적인 사회적 기업가도 육성해야 한다. 이타적인 사회적 기업가는 종교 또는 지역 공동체가 육성의 토대를 마련해줄 것이다. 이러한 환경이 조성되면 사회적 기업의 수가 획기적으로 증가하고, 이타적인 사회적 기업가들이 사회적 기업 생태계의 건전성을 견인하며, 이들로 인해 백색 효과가 확산될 것이다. 결국 사회 문제를 해결하는 속도는 빨라지고 지속가능한 사회로 거듭나게 된다.

이 제안은 현재 수많은 가설로 이루어져 있다. 앞으로 이론적인 근거와 실험을 통해 가설을 증명해나간다면, 보다 가치 있는 방안으로서 실현 가능성을 높일 수 있을 것이다. 이 책에는 내 제안의 이론적인 근거와 정교하게 검증된 효과성까지 담아내지 못했다. 하지만 앞으로 가설이 아닌 검증된 효과성을 제시하기 위하여 연구를 지속할 것이며, 나의 제안들을 현실에 직접 적용해보는 실험도 구체화할 계획이다.

사실 지금까지 SK가 사회적 기업 설립과 지원 과정에 참여했던 다양한 실험들은 이 제안을 증명하기 위한 목적으로 한 것은 아니었다. 하지만 SK가 경험한 다양한 사례들을 통해서도 내 가설의 일정 부분은 증명이 가능하다고 생각한다. 여기엔 CSR 활동으로 시작해 사회적 기업으로 전환한 행복도시락, 대도시 4개 지역에서 약 100개 학교의 방과후학교를 위탁받아 운영하는 행복한학교, 계열사를 사회적 기업으로 전환해 사회적 기업 생태계의 활성화를 추진하는 행복나래 세 가지 사례가 나온다.

이를 소개하는 이유는 SK그룹의 사회적 기업 경영 성과를 보여주기 위한 것이 아니다. 세 가지 사례의 출범 배경은 다르지만 각각 사회적 기업의 혁신이 왜 필요하며, 혁신은 어떤 방향으로 이뤄져야 하고, 사회적 기업 생태계가 왜 필요한지를 보여준다. 또한 사회적 가치 창출을 측정하고 평가하는 기준이 왜 필요한지, 평가 결과를 바탕으로 한 인센티브 제도가 가져올 긍정적 효과, 사회적 기업 생태계의 활성화로 얻어진 '백색효과'의 생생한 실례를 보여주는 사례들이기에 다뤄본 것이다. 이 사례들을 접하고 나면 앞서 나의 제안에 조금은 더 설득력이 있음을 알 수 있으리라 기대한다.

행복도시락, 행복한학교, 행복나래는
SK가 사회적 기업들을 지원하고 추진한 사업이다.
이 세 가지 사업을 진행하면서 SK는
사회 문제에 더 많은 관심을 갖게 되었다.
더불어 사회적 기업 생태계를 활성화하는 방법에 대한
작은 희망을 가질 수 있었다.

5장

몸으로 부딪혀 얻은 교훈

나는 기존 CSR 활동을 한 차원 발전시켜 폭발적으로 증가하는 사회 문제를 지속가능한 방식으로 해결하기 위한 방안을 모색하던 끝에 하나의 가능성으로 사회적 기업을 발견했다.

　이를 외부에 공식적으로 알린 계기는 2009년 미래기획위원회와 노동부가 주최한 '사회적 기업 활성화 심포지엄'에서였다. SK는 이 자리에서 '사회적 기업 추진 계획'을 발표하면서 사회적 기업 육성 자금 500억 원을 조성해 구체적이고 다각적인 지원 방안을 마련하겠다고 선언했다. 그리고 구체적인 조치로 먼저 행복나눔재단 내에 전담 조직인 '사회적 기업 사업단'을 만들었다. 이후 사회적 기업 지원 사업은 행복나눔재단의 핵심 사업이 되었다.

　'사회적 기업 사업단'을 신설한 이유는 무엇보다도 사회적 기업 분야를 직접 경험해보고 싶었기 때문이다. 사회적 기업을 설립해 운영하고 지원함으로써 생태계 조성의 도우미 역할을 해보고 싶었다. 이를 통해 CSR의 진화된 형태로서 사회적 기업이 우리 사회에 어떤 긍정적인 영향을 미칠 수 있을지 확인하고 싶었다.

SK는 총 16개의 사회적 기업을 설립했는데, 그중엔 SK의 각 계열사들이 경영 노하우를 바탕으로 1사 1사회적 기업을 목표로 설립한 5개사, 영리 기업인 계열사를 사회적 기업으로 전환한 사례도 포함되어 있다. 다른 10개의 사회적 기업은 지방자치단체 등과 민·관 협력 모델로 설립했다. 더불어 SK의 구성원들도 각자의 전문성을 활용해 재능 기부 형태로 사회적 기업 지원에 적극 동참했다.

SK가 이렇게 다양한 방식으로 사회적 기업들을 지원하고 설립한 것은 사회적 기업 활동을 통해 CSR의 진화·발전된 모델을 만들기 위해서다. 처음부터 사회적 기업이 처한 환경과 그에 따른 문제점, 가장 효율적인 지원 방식을 모두 다 알 수는 없었다. 따라서 다양한 형태로 실험과 연구를 진행하면서 이를 통해 사회적 기업을 더 잘 이해하고, CSR 활동을 진화·발전시키고자 한 것이다.

이 장에서 소개할 SK의 도전은 행복도시락, 행복한학교, 행복나래 세 가지 사례다. 이들 사례는 앞서 말한 사회적 기업 생태계와 관계가 있고, 의미 있는 자료와 경험이 축적되어 설명할 가치가 있다. '행복도시락'은 CSR 프로그램에서 출발했다가 사회적 기업 형태로 발전한 경우다. '행복한학교'는 정부의 지원과 협력을 통해 민·관 협력을 기반으로 설립된 사회적 기업이다. '행복나래'는 그룹 계열사를 사회적 기업으로 전환한 사례다. 설립 과정에서는 기업 입장에서 사회 문제 해결에 가장 효과적으로 기여할 수 있는 방법은 무엇인가에 초점을 맞추었고, 운영 과정에서는 사회적 가치를 높이기 위해 꾸준히 개선해야 할 점을 정리해보았다. 때문에 이들 세 가지 사례는 사회적 기업 생태계의 활성화 차원에서 의미 있는 시사점이 될 것이라고 생각한다.

행복도시락

행복도시락은 식사를 준비해줄 가족이 없거나 경제적 형편이 어려운 저소득층 아이들에게 맛 좋고 영양가 높은 도시락을 만들어 배달하는 28개 사회적 기업이 공동으로 사용하는 브랜드다. 전국 28개 행복도시락 센터에서 하루 평균 9,000명의 결식아동들에게 전 직원이 나서서 따뜻한 도시락을 만들어 집집마다 배달하고 있다. 아이들은 학기 중에는 저녁 도시락을, 방학 중에는 점심과 저녁 도시락을 각자의 집에서 먹을 수 있다.

행복도시락은 2006년 CSR 활동의 일환으로 지역 센터 1호점을 냈는데, 2013년 현재로는 28개의 지역센터가 전국 각지에서 활동하고 있다. 각 지역 센터는 행복도시락 브랜드를 공유하고 있지만, 각각 독립적으로 운영되고 있으며, 설립 배경과 조직 형태도 각기 다르다. 따라서 공통적으로 이들을 지칭할 때는 '센터'라는 용어를 사용하고 있다.

흔들리는 아동 도시락 업계

● ● ● 정부가 2000년 공공급식 사업을 시작한 이후, 2005년부터 아동 도시락 사업의 문제점들이 드러나기 시작했다. 대부분의 영세한 도시락 업체들은 지자체의 급식 지원금만으로 도시락 재료비와 운영비를 모두 충당해야만 했다. 동일한 급식 지원금을 받는 업체들 중에서 질 좋은 도시락을 공급하기 위해 재료비를 많이 쓰는 곳은 만성적인 적자에 시달려야 했다.

이에 보건복지부는 2006년에 아동급식비 규정을 바꾸었다. 이전까지 아무런 규정이 없었던 상황에서 정부와 지자체 지원금 중 약 80퍼센트는 급식 재료비로 사용하고, 약 20퍼센트는 업체의 운영비로 쓸 수 있도록 가이드라인을 설정한 것이다. 도시락 업체의 운영비를 현실화해주되 최대한 질 좋은 도시락을 만들라는 의미였다.

이 조치에도 불구하고 아동 도시락 업체들의 경영난은 갈수록 가중되었다. 당시 도시락 업체들은 지자체의 지원금만으로 운영비를 충당할 수 없었기 때문에 기부금, 자원봉사를 통해 부족한 운영비를 충당하기 위한 추가 노력을 기울여야 했다. 또한 위생과 품질 관리에 투자할 만한 여력이 없었다. 운영비조차 감당하기 어려운 실정에서 시설과 메뉴 개발에 투자하는 것은 불가능했던 것이다.

결국 아동 도시락 업체는 품질이나 경쟁력을 생각할 겨를도 없이 오직 생존만을 걱정해야 하는 상황에 직면하게 되었다. 그 결과 도시락의 품질이 낮아지고 경쟁력도 떨어지면서 경영난이 더 심각해지는 악순환이 빚어졌다.

'구원 투수'로서의 개선과 혁신

● ● ●   SK는 도시락 업체들이 여러 가지 장점이 많음에도 불구하고 경영난으로 점차 사라지는 현실이 매우 안타까웠다. 취약계층 아동들에게 도시락을 제공하는 사업이 다른 공공급식 사업에 비해 사회적 가치가 매우 높다는 것을 실제 현장에서 경험해본 사람들은 모두 공감하고 있었다.

그러나 품질 좋은 도시락을 공급하면서도 이 사업을 지속적으로 유지하는 것은 결코 쉬운 일이 아니었다. 도시락 업체가 처한 어려운 환경과 문제점을 인식하고 있는 현장의 많은 사람들이 혁신적인 변화가 필요하다고 생각했으나, 이를 추진하고자 나서는 사람이 아무도 없었다. SK는 이러한 어려운 상황을 극복하기 위해 아동 도시락 사업을 지원하기 시작했다.

행복도시락이 당장의 생존 가능성을 높이기 위해서는 무엇보다 매출 규모를 늘려야 했다. 도시락 사업은 여타의 공공급식 사업과는 달리 운영비 중 인건비 비중이 큰 사업이다. 맛 좋고 영양가 있는 도시락을 만들기 위해서는 역량 있는 영양사와 적정 규모의 종업원이 필요하다. 또한 가가호호 배송을 위해서는 충분한 배달 인력도 확보해야 한다. 따라서 기본적으로 일정 수준 이상의 매출 규모를 갖춰야만 인건비 충당이 가능하다.

매출 규모를 늘리기 위해서는 우선 시장 확대가 필수적이었다. 아동 도시락 시장은 지역의 아동 급식 대상자 숫자와 지자체의 예산에 직접적인 제약을 받았다. 더욱이 각 센터는 재료비 규정을 준수해야 했기 때문에 아동 도시락 시장의 매출만으로는 도저히 사업을 유지할 수 없었다. 따라서 경쟁력 강화를 통한 공익적 영리 시장 진출을 시도했다.

공익적 영리 시장은 예비군, 지자체 구내식당 등이 해당된다. 하지만 단순히 사회적 기업이라는 이유만으로 공익적 영리 시장에 진출할 수 있었던 것은 아니다. 행복도시락 각 센터들의 경영 혁신을 통해 시장의 신뢰가 쌓이고, 행복도시락의 경쟁력이 높아졌기에 가능한 일이었다. 그 밑바탕에는 정부, 각 센터를 설립한 단체, SK의 지원이 있었다. 이를 통해 조리 시설과 위생 상태가 좋아졌기 때문에 행복도시락에 대한 신뢰가 쌓이고 경쟁력이 생길 수 있었다.

SK의 지원은 센터들의 자립 기반을 마련하는 데 초점이 맞춰졌다. 예를 들면 운영비의 긴급한 수혈이 필요한 센터에는 한시적으로 운영비를 지원했다. 또한 조리 시설 확충을 통해 도시락의 품질을 높일 수 있도록 도왔다. 조리 시설을 확충하기 전에는 영리 시장에서 공급 규모가 크고, 일정량의 주문이 안정적으로 확보되는 도시락 공급 계약을 따낼 역량이 없었다. 계약을 따내더라도 도시락을 안정적으로 생산해 공급할 시설이 부족했기 때문이다. 하지만 조리 시설 확충 후 일부 센터는 지자체로부터 더 많은 급식 인원을 배정받을 수 있었고, 생산 능력도 충분히 커져 공익적 영리 시장으로의 진출도 가능할 수 있었다.

시설 확충 이후에는 행복도시락 센터마다 개별적으로 이루지고 있는 경영 방식을 표준화하는 작업에 착수했다. 이전에는 각 센터들이 지역별, 조직 형태별 특성에 따라 각자의 경영 방식으로 운영되고 있었지만, 행복도시락이라는 공동의 브랜드 아래 공통의 회계 관리 기준과 인력 관리 방식, 위생 매뉴얼 등 표준화된 경영 관리 방식을 도입했다. 이후 신설되는 센터에서도 표준화된 운영 매뉴얼

이 도입되면서 행복도시락 전 센터에 체계적인 설립과 운영이 가능하게 되었다.

이와 함께 각 센터에 체계적인 위생 관리 시스템을 도입했다. 구성원의 철저한 위생 교육 및 위생 물품을 지원하고, 지속적인 위생 점검을 실시해 위생적인 급식 프로세스를 유지하도록 했다. 이러한 노력에 힘입어 행복도시락의 각 센터는 식약청의 HACCP(위해요소 중점관리 기준)에 준하는 위생 설비를 갖추고 있을 뿐만 아니라 표준화된 급식 프로세스를 준수하고 있다. 이러한 작은 개선과 혁신들이 공공급식 분야에서 행복도시락의 품질과 신뢰도를 높이는 데 크게 기여했다.

혁신을 통해 지속가능성을 확보하다

• • • 사회적 기업도 기업이기 때문에 혁신 활동을 통해 지속가능성을 확보할 수 있다. 행복도시락은 정부, 각 센터를 설립한 단체, SK의 지원을 바탕으로 혁신의 기반이 마련되었고, 센터들의 혁신을 통해 어려운 상황에도 지속적인 성장을 이룰 수 있었다. 혁신을 통해 경쟁력을 확보해 공익적 영리 시장에 진출했고, 지속가능성도 확보해나갔다.

SK 사회적기업팀에서 실시한 인터뷰에 따르면, 지자체 공무원들은 "행복도시락은 위생적이며 믿을 수 있는 도시락을 제공하고 있는 사회적 기업으로 자리매김하고 있다"라고 평가한다. 한 수혜자는 "행복도시락은 아이들이 좋아하는 반찬이 골고루 나와서 안심하고 있다", "맛도 있고 영양까지 담긴 음식을 아이들에게 먹일 수 있어 만족하고 있다"라고 했다. 이러한 신뢰를 바탕으로 행복도시락의 인지도는 지속적으로 상승했다.

행복도시락이라는 브랜드만으로도 고객들에게 호감을 주기 때문에 신규 시장에 진출하는 경우도 생겨났다. 경쟁력 강화를 위한 기반 조성 결과, 각 센터들은 공익적 영리 시장에 진출할 수 있는 경쟁력을 확보했다. 이를 통해 2013년 기준 11개 센터가 공익적 영리 시장에 진출해 지속가능성을 상당 수준 확보했다.

재무적 성과를 살펴보면, 2009년에는 28개 센터 중 오직 1개 센터만이 영업 이익을 보았고, 나머지는 모두 영업 손실을 기록했다. 2010년에도 2개 센터만이 영업 이익을 기록했을 뿐이다. 하지만 2011년에는 7개 센터, 2012년에는 16개 센터, 2013년에는 15개 센터가 영업 이익을 기록했다.

물론 아직 모든 센터가 영업 이익을 달성하고 있지는 못하지만, 행복도시락이 재료비 비율 규정을 준수함에도 불구하고 영업 이익을 창출한다는 것은 그만큼 지속가능성이 커졌다는 의미다. 지자체의 지원금(영업외 이익)을 통해 지속가능성을 유지하는 자활센터 형태를 제외하고, 자체 영업 이익을 통해 지속가능성을 달성해야 하는 주식회사, 유한회사 형태의 행복도시락 센터 대부분이 2012년과 2013년에는 거의 손익분기점에 달했거나 영업 이익을 달성하고 있다.

'나'보다 힘이 센 '우리'

● ● ● 하지만 이 같은 성과는 사회적 기업의 설립 목적인 사회적 가치를 더 지속적으로 혁신해나가는 관점에서는 아직 만족할 만한 수준을 넘어서지 못했다. 이에 각 센터가 상호 네트워킹을 통해 서로 협력할 수 있는 방안을 모색하기에 이르렀고, 행복도시락 사회적 협동조합을 설립하게 되었다. 이전에도 행복도시락 각 센터들은 다양한 방식으로 서로 협력해왔다. 그 경험을 바탕으로 상호 협력의 수준을 한 단계 더 끌어올려 2013년 1월 각 센터들이 조합원으로 참여하는 사회적 협동조합을 설립한 것이다.

특히 협동조합의 설립은 규모의 경제를 실현하고 개별 센터가 겪고 있는 애로 사항에 공동 대응하는 데 큰 역할을 했다. 이제 개별 센터가 단독으로 진행하기 어려운 사업을 공동으로 진행할 수 있게 된 것이다.

공동의 사업 목표란 도시락의 품질을 계속 높이면서도 추가적인 사회적 가치를 창출하는 것이다. 이를 위해 각 센터 개별적으로 노력하는 기존의 방식에서 탈피해 센터들이 공동 노력하는 방식을 추구하기에 이르렀다. 즉 혁신 주체가 '나'에서 '우리'로 바뀐 것이다.

행복도시락 협동조합은 그동안 비싸서 살 수 없었던 양질의 식자재를 재료비 비율 한도 내에서 구매할 수 있도록 식자재 공동 구매를 추진하고 있다. 협동조합 출범 이전에는 개별 센터들이 구매하는 품목이 적고 규모가 작아 협상력이 부족했기 때문에 양질의 값비싼 식자재를 구매하기가 매우 어려웠다. 하지만 협동조합을 통해 센터들이 필요한 품목을 공동으로 구매하면서 양상이 달라졌다.

품목별로 다소 차이는 있지만 기존 매입 금액 대비 평균 약 5퍼센트 정도 구입 가격이 낮아졌다. 일부 품목은 30퍼센트까지 싸게 구매하기도 한다. 아동 도시락 영역은 재료비 비율을 준수해야 하기 때문에 공동 구매를 통해 재료비를 절약하는 만큼 곧 도시락의 품질을 높일 수 있다. 다시 말해 품질이 높아지는 만큼 아이들에게 양질의 도시락을 공급해 사회적 가치를 창출할 수 있는 것이다.

또한 협동조합은 보다 영양가가 높고 맛 좋은 도시락을 공급하기 위해 영양을 고려한 양질의 표준 메뉴와 식단을 개발해 각 센터와 공유하고 있다. 개별 센터들이 시장의 특성과 대상을 고려해 성장기 아동을 위한 맞춤 도시락 메뉴를 개발하고 공급한다는 것은 매우 어려운 일이다. 이러한 어려움을 해소하고자 협동조합에서는 한국영양학회와 공동으로 영양 제공 기준을 마련하고 연령별로 적합한 메뉴를 개발했다. 이외에도 행복도시락의 개별 센터에 내재되어 있던 노하우는 센터 간 네트워크를 통해 서로 공유되고 있다.

끼니 이상의 가치를 위하여

• • • 행복도시락의 발전 과정을 보면서 행복도시락이 창출하는 사회적 가치는 무엇일까 다시 한 번 되돌아보게 되었다. "편의점에 가보면 맛있는 반찬은 없고 배가 고플 때 겨우 끼니를 때우는 정도인데…… 도시락은 어머니의 정성이 느껴져요"라는 어느 중학생의 말은 행복도시락이 만들어내는 가치가 무엇인지를 명확하게 보여준다. 또한 어느 센터의 배송 직원은 "행복도시락은 형편이 어려운 가정에 배달을 많이 하는데, 대부분의 어린이들이 혼자 있는 경우가 많기 때문에 배송할 때 말동무를 하거나 건강을 살피기도 한다"라고 했다.

이처럼 행복도시락은 아이들의 육체적인 건강뿐 아니라 정서적인 측면까지 배려하고 있다. 조리사들이 내 아이에게 먹인다는 마음으로 결식아동들에게 엄마의 정성과 따뜻함을 전하기 위해 노력하고 있는 것이다. 결식아동 지원 사업에 참여했던 관계자에 따르면, "복지 사각지대의 아이들이 굶는 이유는 집에 돈과 쌀이 없어서라기보다는 부모가 맞벌이거나 조손가정이어서 밥을 챙겨줄 사람이 없기 때문이다. 누군가 자신을 챙겨준다는 충족감을 느끼지 못하는 아이들에게 밥만 주는 것은 한계가 있다"라고 한다.

따라서 행복도시락은 아동의 경제적, 정서적 결핍 문제를 보다 근본적으로 해결해나가야 한다. 우리가 자칫 경제적, 정서적으로 결핍된 아이들에게 그 결핍의 원인과 현상이 무엇인지, 해결을 위한 핵심적인 방안은 무엇인지 충분히 고민하지 않고 해결책을 내놓는 것은 아닌지 우려가 된다. 결핍의 원인을 제대로 들여다보지 못한다면 이 사회가 이 아이들에게 '보살핌을 받는다'라는 안정감을 주는 것이 아니라 '낙오자로서 일시적인 도움을 받거나 적선을 받는다'라는 인식을 줌으로써 마음의 상처를 입힐 수도 있다. 이는 아이들의 결핍을 치유하는 것이 아니라 오히려 악화시키는 결과를 낳게 될지도 모른다.

결핍의 문제를 근본적으로 해결하기 위해서는 행복도시락의 가치도 진화·발전해야 한다. 지금까지 행복도시락은 결식아동의 '영양적 건강'이라는 가치에 초점을 맞추고 있었다. 하지만 한 걸음 더 나아가 아동의 주거 환경이나 심리적인 안정까지도 파악해야 한다.

즉 행복도시락이 단지 '결식'이라는 표면적인 문제를 해결하는 것이 아니라 결손이나 취약 가정의 건강, 심리적 안정의 문제까지도 책임지는 역할을 담당해야 한다. 특히 부모의 관점에서 아이들의 영양 상태, 건강, 심리 등을 함께 챙겨야 한다.

이를 위해서는 다른 공공급식 전달 체계들과 달리 행복도시락만이 갖추고 있는 역량에 주목할 필요가 있다. 행복도시락만이 가진 역량인 가가호호 직접 방문하는 장점을 충분히 활용해 '결핍'이라는 문제에 근본적으로 접근할 필요가 있다. 행복도시락을 통해 제공하는 영양 균형이 잡힌 음식이 정성스레 차려주는 밥상과 같은 역할을 하듯이, 가가호호 사람이 직접 방문하는 배달 서비스는 사회의 관심과 따뜻함을 전할 수 있을 것이다.

절실한 사회적 가치 측정

• • •   하지만 행복도시락이 사회적 가치를 극대화하는 데 있어서 예기치 못한 난관이 발생했다. 처음 아동 도시락 사업을 시작했을 때는 아이들의 영양 기준을 충족시키고 위생적인 도시락을 생산해 가가호호 배달하면 시장이 더 확대될 것이라고 예측했다. 그러나 오히려 전체 도시락 시장은 지속적으로 줄어들고 있다.

아동 도시락 시장이 확대되지 않는 데는 여러 가지 이유가 있다.

그중 우리가 눈여겨봐야 할 이유는 바로 전자급식카드의 확대다. 최근 관리와 활용의 편의성에 초점을 맞춘 전자급식카드 영역이 지속적으로 확대되고 있다. 전자급식카드는 아이들에게 다양한 먹거리에 대한 선택권을 준다는 명분하에 다른 급식 전달 체계를 빠르게 대체해가고 있다. 지자체 관리자의 입장에서도 전자급식카드는 관리 시간과 비용이 적게 든다는 장점이 있다.

전자급식카드는 행정상 매우 편리한 제도이긴 하지만, 행정적 편의로 만들어내는 가치가 행복도시락을 통해 결식아동에게 전달하는 가치보다 더 클지 의문이다. 하지만 안타깝게도 아동 도시락 영역은 점점 줄어들고 있고, 전자급식카드 영역은 급속히 늘어나고 있기 때문에 현재 아동 급식 시장에서 행복도시락이 사회적 가치를 지속적으로 창출하기는 매우 어려운 환경이다.

행복도시락이 아무리 혁신을 통해 사회적 가치를 지속적으로 높여나가고, 행복도시락이 지향하는 목표인 결식아동들의 건강을 증진시킨다고 하더라도 아동 도시락 시장 자체가 줄어든다면 아무런 소용이 없다. 아동 도시락 시장이 줄어들고 있는 상황에서 과연 행복도시락의 혁신 활동을 지속하는 것이 옳은 방향인지 의구심이 들었다. 왜 상황이 이렇게 되었고, 무엇을 수정해야 하며, 행복도시락이 지속적으로 혁신해나갈 수 있는 방법은 무엇인지, 그렇게 되기 위한 생태계 환경은 어떻게 바뀌어야 하는지 많은 질문이 떠올랐다. 이러한 고민의 결과, 사회적 가치의 측정과 평가가 필요함을 절실히 깨달았다.

사회적 가치의 측정과 평가 기준이 마련된다면, 행복도시락이나 전자급식카드가 창출하는 사회적 가치가 얼마나 되는지 서로 비교할 수 있을 것이다. 이를 통해 어떤 급식 체계가 결식아동의 문제를 근본적으로 해결하는 데 보다 더 효과적인지 판단할 수 있을 것이다. 만약 전자급식카드에 비해 행복도시락이 창출하는 사회적 가치가 크지 않다면 행복도시락은 비즈니스 모델을 수정하거나 새로운 혁신 방안을 찾아야 할 것이다. 하지만 전자급식카드에 비해 행복도시락이 사회적 가치를 충분히 창출하고 있다면 지속적으로 행복도시락 사업을 추진할 수 있는 정당성을 확보할 수 있을 것이다.

이때 중요한 것은 사회적 문제를 표면적으로 해결하려는 방식이 아니라 근본적으로 해결하는 방식에 초점을 맞춰 기준을 마련해야 하는 것이다. 우리 사회의 문제를 해결하기 위해 다양한 방법이 활용되고 있지만 근본 원인을 해결하기 위한 시도는 그다지 많아 보이지 않는다. 특히 사람에게 초점을 맞추지 않으면 본질적인 문제는 해결하지 못할 가능성이 크다.

아동 도시락 업체들이 아이들의 결식을 표면적으로 해결하려 한다면 단지 배고픔만 해소시켜주면 된다. 그러나 이는 한계가 있다. 근본적으로 아동 결식 문제를 아이들의 행복이라는 관점에서 이해하려는 노력이 있어야 한다. 이는 아동 급식 전달 체계에 대한 성과 분석에 있어 사회적 가치 측정과 평가가 반드시 필요한 이유이기도 하다.

행복한학교

　행복한학교재단(이하 행복한학교)은 초등 방과후학교 프로그램을 개별 초등학교로부터 위탁받아 운영하는 사회적 기업이다. 정부는 2006년에 방과후학교 사업을 시작했다. 그 이유는 첫째, 사교육보다 저렴한 가격에 교육 서비스를 제공해 가계의 사교육비 부담을 경감하고, 둘째, 공교육을 보완하며, 셋째, 취약계층 학생들에게 무료로 공교육을 보완하는 수업을 들을 수 있게 하기 위함이다.

　하지만 좋은 취지에서 시작된 방과후학교 사업은 초기에 난관에 부딪히게 되었다. 방과후학교 수업에 대한 과정 개발과 강사 채용 등의 업무가 학교 업무에 추가되어 교원의 업무가 늘어나면서 방과후학교 운영을 외부 민간 단체에 위탁할 수 있도록 운영 원칙이 변경되었기 때문이다. 그러나 외부 민간 업체에 시장이 개방되면서 방과후학교 사업은 또 다른 진통을 겪게 되었다. 위탁 업체들 간의 과잉 경쟁으로 인한 부작용들이 나타난 것이다.

이러한 상황에서 믿고 맡길 수 있는 방과후학교 위탁 업체를 고심하던 지자체, 교육청은 SK와 방과후학교 위탁 업체를 사회적 기업으로 설립하는 방안을 논의하게 되었다.

SK 또한 방과후학교 사업은 수익을 최우선으로 하는 일반 영리 업체에서 운영하는 것보다 사회적 기업의 형태로 운영하면 더 의미가 있을 것이라고 생각했다. 따라서 지자체, 교육청과 함께 사회적 기업 형태로 행복한학교를 설립했다.

모두 만족스러운 방과후학교를

• • • 지역별로 설립된 행복한학교는 같은 브랜드를 공유하고 있지만, 각각 독립적인 재단이다. 각 지역 재단은 그 지역의 상황과 특성에 따라 이해관계자들의 요구가 달라지고, 이에 맞춰 사회적 미션과 교육 방식에서도 차이가 나타난다.

4개 지역 재단이 위치한 대도시 전체로 살펴볼 때, 각 가정의 사교육비 수준, 자녀의 사교육 참여율, 취약계층 비율에 있어서 의미있는 차이는 없다. 하지만 각 대도시 내에서 해당 행복한학교가 위탁 교육을 맡은 지역의 특성은 차이가 있다. 예를 들어 어떤 지역은 취약계층 학생 수가 일반 학생 수에 비해 더 많고, 어떤 지역은 일반 학생 수가 취약계층 학생 수보다 더 많다. 따라서 지역의 상황에 따라 초점을 맞추고 있는 사회적 미션에 대한 관점이 다를 수밖에 없다.

어떤 지역에서 행복한학교의 이해관계자들이 '취약계층에게도 일반 학생들과 균등하게 교육 기회를 주는 것'을 행복한학교의 사회적 미션이라고 정하면, 해당 지역 행복한학교의 운영 방식은 그에 부응해 결정된다. 한편 다른 지역에서 행복한학교 이해관계자들이 '학생들의 창의성을 길러주고 이들이 자기주도적인 학습을 할 수 있는 환경을 조성'하는 데 초점을 맞추고 있다면, 해당 지역 행복한학교의 교육 방식은 달라질 수밖에 없다.

이러한 운영과 교육 방식에 대한 결정은 지자체, 지역 교육청, 사회적 기업 전문가, 행복나눔 재단 등이 참여하는 재단 이사회를 통해서 이루어진다. 특히 재단과 이사회의 운영 실무를 책임지는 상임이사는 대부분 수십 년간 교육계에 재직하다가 퇴직한 분이다. 상임이사는 학교장, 교육청, 학부모, 강사의 다양한 요구를 잘 파악하고, 이들의 요구를 반영한 교육 방식을 전문성 있게 추진해나간다는 점에서 행복한학교의 경영자로서 사회적 기업가라고 볼 수 있다.

이해관계자들의 다양한 요구와 지역의 특성을 무시하고, 행복한 학교의 운영 방식을 통일하는 것은 결코 바람직하지 않다. 오히려 지역이 처한 상황에 맞춰 행복한학교의 사회적 가치를 극대화할 수 있도록 차별화된 운영 방식이 적용되어야 할 것이다. 이러한 관점에서 행복한학교의 운영 방식에 있어 극명하게 대비되는 A시와 B시의 사례는 사회적 기업의 운영에 있어 많은 시사점을 준다.

운영 방식, 따로 또 같이

● ● ● A시와 B시에 서로 다른 행복한학교 모델이 만들어진 이유는 해당 지역 행복한학교 이해관계자들이 생각하는 행복한학교의 사회적 미션이 다르기 때문이다.

A시 행복한학교 재단의 상임이사를 비롯해 지자체, 교육청, 일선 교사, 강사 등 이해관계자들은 취약계층 학생들이 일반 학생들과 차별 없이 교육을 받는 것을 중요하게 여긴다. 그리고 행복한학교가 비록 방과후학교 위탁 업체지만, 학교 못지않게 학생들을 올바른 길로 인도하게 하는 울타리 역할을 해야 한다고 생각한다. 반면 B시의 행복한학교 이해관계자들은 저마다 다양한 의견을 보였다. 특히 취약계층 학생들에 대한 교육 격차 해소보다는 일반 학생의

사교육비를 절감하고, 교육 방식을 개선해 학생들의 창의력과 논리적 사고를 계발하는 것이 중요하다고 생각한다.

이에 따라 A시의 행복한학교는 취약계층 학생을 대상으로 교육 기회를 제공하는 것을 사회적 미션으로 삼고 있다. 이에 반해 B시에서는 공교육의 일률적인 교육 방식으로 인해 발생하는 낙오자를 잘 관리해 이들이 학교 수업에 흥미를 가지고 공교육을 따라갈 수 있도록 하는 것을 행복한학교의 미션으로 설정하고 있다. 이러한 미션의 차이는 A시 행복한학교와 B시 행복한학교의 운영 방식과 성과에도 영향을 미쳤다.

A시 행복한학교는 A시 내 취약계층이 많이 거주하는 지역에서 방과후학교를 위탁받아 운영하고 있다. 이런 지역은 방과후학교 수업 신청자가 많지 않다. 그 이유는 무엇보다도 학부모들이 자녀들의 학업을 제대로 챙겨줄 수 없기 때문이다. 이러한 경우 해당 학생의 담임선생님이 부모 대신 학생들을 챙겨줘야 하지만, 선생님이 모든 학생의 상황을 파악해 관리하기도 쉽지 않다. 그렇다 보니 수강 신청을 하는 학생 수가 적을 수밖에 없고, 방과후학교 사업의 수익성이 좋지 않다. 따라서 취약계층이 많은 지역은 일반 방과후학교 위탁 업체들이 기피하는 곳이다.

또한 A시 행복한학교는 일반 위탁 업체와 달리 수업 시간을 획기적으로 늘렸다. 일반 위탁 업체는 1과목을 주당 2시간으로 구성하지만, A시 행복한학교는 국어, 수학, 영어 등 교과 과목의 경우 1과목을 주당 5시간으로 구성했다. 다른 위탁 업체에서는 1주일에 하루 또는 이틀에 걸쳐 4시간 강의를 들을 수 있지만, A시 행복한학교는 주당 5시간을 하루에 한 시간씩 쪼개 주 5일 동안 매일 강의를 들을 수 있다. 학생들은 그만큼 더 많은 시간을 학교에서 보낼 수 있는 것이다.

교육 과정은 교과과목에 대한 보습 위주로, 교과서와는 별도 부교재를 활용해 학생들이 정규 학교 수업에서 미진했던 부분을 보충하는 데 중점을 두고 있다. 사교육 수강이 어려운 취약계층 학생들에게는 특기 적성 과목보다는 주요 교과 과목 위주의 보습이 우선적으로 필요하다고 여겼기 때문이다.

반면 B시 행복한학교 수업 방식의 가장 큰 특징은 다른 방과후학교 위탁 업체들과 달리 체육, 음악, 미술 등의 특기·적성 중심의 비교과 수업에 집중하고 있다는 것이다. 일반 방과후학교 업체는 개설 과목 중 60퍼센트를 교과 중심 수업에 집중하고 있다. 방과후학교 수업을 통해 학교 수업을 보충해 학업 성적을 높이는 데 초점을 맞추고 있기 때문이다.

하지만 B시 행복한학교는 전체 수업 중 70퍼센트가 체육, 음악 등의 특기 중심 수업이다. 이는 학생들에게 특기·적성 위주의 교육을 제공함으로써 교과 과목 위주의 공교육을 질적으로 보완하고자 하는 B시 행복한학교의 교육 방침이 반영된 것이다. 또한 학생들이 자기주도적으로 학습하고 학생들의 창의력을 계발할 수 있는 교재와 학습법을 개발해 수업에 적용하고 있다. 단순 반복이나 암기 위주의 수업 방식에서 벗어나 학생들이 창의적으로 사고하고 스스로 깨달아갈 수 있도록 유도하는 방식이다.

지속가능성과 사회적 가치 딜레마

• • •   재무적 성과 측면에서도 A시와 B시 행복한학교는 차이를 보인다. A시 행복한학교의 경우 2011년부터 3년간 적자를 보았다. 반면 B시의 행복한학교는 2012년 이후 안정적인 사업 운영이 가능하게 되었다. 재무적인 관점에서 A시 행복한학교와 B시 행복한학교 간의 차이는 어디에서 발생하는 것일까?

A시 행복한학교는 취약계층 학생에 대한 교육 기회 제공이라는 사회적 미션에 집중하다 보니, 타 방과후학교에서는 수익성이 나쁘다는 이유로 진출하지 않는 소규모 학교에서 방과후 수업을 진행하는 경우가 많다. 재무적 관점만 고려한다면 수업을 폐강해야 하는 상황이지만 미션을 달성하기 위해서는 손실을 감내하면서 수업을

유지한다. 실제로 위탁학교 수와 방과후학교 강좌 수를 B시 행복한 학교처럼 확장하지 못하는 이유도 여기에 있다. 수익성이 좋지 않은 지역에서 확장을 하면 할수록 더 많은 재무적 손실이 발생하기 때문이다. 하지만 A시 행복한학교는 B시 행복한학교에 비해 취약계층에게 교육의 기회를 더 많이 제공하고 있다. 그렇다면 A시 행복한학교 모델은 제대로 설계된 것일까?

A시 행복한학교 모델이 취약계층 학생들에게 교육의 기회를 제공한다는 사회적 가치에만 집중하다 보니 재무적 지속가능성을 소홀히 한 것은 아닌지 의문을 제기하는 사람도 있을 것이다. A시 행복한학교가 B시 행복한학교 모델을 그대로 차용한다면 더 많은 재무적, 사회적 성과를 거둘 수 있지 않았을까 하고 말하는 사람도 있을 것이다. 하지만 내 생각은 다르다. 행복한학교가 방과후학교 사업의 미션을 충실히 달성하는 것에 덧붙여 각 지역적 상황에 맞춰 추가적으로 창출하고 있는 사회적 가치에 더 주목해야 한다.

A시 행복한학교는 사교육 기회가 상대적으로 적은 취약 지역 학교 학생들에게 교과 과목을 보충할 수 있는 기회를 제공하고 있다. A시 행복한학교가 이러한 사회적 가치를 창출하게 된 것은 '취약계층 대상 교육 기회 제공'이라는 명확한 사회적 미션에 대해 이해관계자 모두의 공통된 인식과 지지를 받음으로써 스스로 취약계층 학

생들의 울타리 역할을 하고 있기 때문이다. 취약계층 학생들은 부모 모두 일을 한다거나, 기타 여러 가지 이유로 학교를 떠나면 돌봐줄 어른이나 보호해줄 공간 없이 방치되는 경우가 많다. A시 행복한학교는 방과후학교 수업 시간을 늘려서 매일 수업을 제공할 뿐만 아니라 이를 통해 탈선의 기회를 차단하고 학교가 학생들의 안전망 역할을 하도록 돕고 있는 것이다.

A시 행복한학교는 주 5회 수업으로 학교에서 돌아오면 갈 곳이 없는 아이들이 학교에 늦게까지 남아 공부할 수 있는 공간을 제공함은 물론, 친구들을 만날 기회를 마련해주었다. 또한 학부모들은 자녀를 학교라는 안전한 공간에서 맡길 수 있게 되어 안심하고 본업에 충실할 수 있게 되었다.

A시 행복한학교의 한 학부모는 "생업에 종사하다 보니 딸아이가 늘 마음에 걸렸는데 학교에 늦게까지 있을 수 있으니 한시름 놓았습니다"라고 고마움을 전하기도 했다. 또한 시의 외곽에 위치해 강사 수급에 어려움을 겪고 있던 취약지역 학교들은 A시 행복한학교를 통해 다양한 수업을 저렴한 수강료로 제공할 수 있게 되었다. 한 학교장은 "교통비를 추가로 지급한다고 해도 강사를 구하기가 어려웠는데, A시 행복한학교 덕분에 그런 걱정을 덜었습니다"라고 만족감을 표시했다.

이에 반해 B시 행복한학교의 경우 수업의 양을 늘리기보다는 공부의 즐거움을 느낄 수 있도록 수업의 질을 높이는 데 초점을 맞추었다. 학생들에게 인기가 높은 특기·적성 위주의 수업을 제공하고, 이를 통해 학생들에게 재능을 발굴할 수 있는 기회를 주며, 수업이라기보다는 놀이처럼 즐길 수 있는 프로그램을 통해 학생들은 학교생활에 대한 재미를 키워갈 수 있었다.

글쓰기 수업에 참여한 한 학생은 짧은 상황만 듣고 여섯 장이 넘는 동화를 단숨에 작성했다고 한다. 특기·적성 수업을 통해 학생 스스로 상상력이 뛰어나고 글쓰기에 소질이 있다는 것을 발견한 것이다. 또한 이러한 성취는 학생들의 자아존중감을 높여 학업 성취도에도 긍정적인 영향을 주었다.

이러한 교수법을 개발하고 보급하기 위해 B시 행복한학교는 강사 연수를 강화하고 있다. 강사 연수 시 외부 전문가를 섭외해 새로운 교수법과 교구의 활용법을 교육한다. B시 행복한학교의 한 강사는 "강사 연수를 받고 난 후 학생들을 가르치는 데 좀 더 자신감을 가지게 되었습니다. 그동안 몰랐던 새로운 교구 사용법과 교수법을 배우고, 아이들에게도 새로운 것을 가르쳐줄 수 있어서 보람을 느낍니다"라며 강사 연수 프로그램에 만족감을 표했다.

뿐만 아니라 공교육의 보완이라는 측면에서 학교의 교사들에게도 긍정적인 평가를 받고 있다. "저도 애정을 가지고 우리 학생들을 지도하고 있지만, 저 혼자 우리 반 전체를 세심하게 돌봐 주는 것은 현실적으로 어려운 것이 사실입니다. 이런 점을 B시 행복한학교에서 보완해주니 저희로서는 많은 도움이 됩니다"라는 한 위탁 학교의 교사 인터뷰를 통해 B시 행복한학교의 사회적 성과를 가늠할 수 있다.

수치화되지 않는 가치도 있다

• • • 이와 같이 추가적인 사회적 가치를 고려할 때, 행복한학교가 달성한 사회적 가치를 단순히 재무적인 숫자만으로 계산하기는 어렵다는 것을 알 수 있다. A시 행복한학교가 취약계층 학생 한 명에게 제공하는 가치는 제공된 교육 기회만으로 평가되어서는 안 된다. A시 행복한학교의 학생들이 안전한 학교에 머물면서 공부를 할 수 있는 환경까지 고려해 수혜자가 받은 진정한 혜택을 평가해야 한다. B시 행복한학교의 경우에도 학생들이 배움에 대한 흥미를 가지고 자신의 재능을 발견할 수 있는 기회를 얻은 추가적인 혜택도 평가되어야 한다. 따라서 방과후학교가 창출하는 가치는 단순히 정량적으로 총량을 확인할 수 있는 가치뿐만 아니라 학생 개개인에게 주어지는 정성적인 부분까지도 포함해 판단해야 한다.

하지만 현실에서 우리는 사회적 가치 측정과 평가 기준을 제대로 마련하지 못하고 있다. 어느 사회적 기업이 얼마만큼 가치를 창출하고 있고, 이 기업에 얼마만큼의 지원을 해주면 가치가 더 커질 것이라든가, 혁신이 더 일어날 것이라는 평가는 불가능한 실정이다.

예를 들어 A시와 B시 행복한학교 모두 각각 다른 환경에서 다른 사회적 가치를 만들어내고 있지만, 우리는 그 크기가 어느 정도인지 정확히 측정할 수 없다. 우리가 알 수 있는 것은 두 지역 행복한학교 모두 중요한 가치를 창출하고 있다는 정도다. 그리고 이대로 진행하면 A시 행복한학교는 문을 닫을 가능성이 높고, B시 행복한학교는 유지가 가능할 것 같다는 정도다. 이러한 환경에서는 A시와 B시 행복한학교를 포함한 어느 사회적 기업도 혁신의 동력을 얻지 못한다.

사회적 기업에 대해 이 정도의 평가밖에 할 수 없고, 이들이 스스로 혁신하도록 동기 부여할 수 없는 것이 사회적 기업 생태계의 현 주소다. 다시 말해 현재 사회적 기업 생태계의 가장 큰 문제는 혁신이 가능하도록 충분히 동기를 유발하고 이끌어낼 만한 제도적 뒷받침이 없다는 것이다. 따라서 사회적 기업이 혁신 활동을 할 수 있도록 유도할 수 있는 사회적 기업 생태계의 기반을 조성할 필요가 있다.

혁신 유도할 인센티브 절실

　•　•　•　　대부분의 사회적 기업은 당장의 지속가능성 확보가 시급하기 때문에 혁신적인 문제 해결 방안을 마련하는 데 집중하기가 어렵다. 그러다 보니 재무적 가치를 높이는 방향에만 초점을 맞추다 보면 자칫 사회적 가치를 소홀히 하는 상황이 벌어지기도 한다.

　사회적 기업이 단순히 재무적 성과를 높이기 위해 일반 기업과 동일한 경영 방식을 활용하는 것은 매우 단기적인 접근 방식이다. 만일 사회적 기업에게 다각적으로 고민할 수 있는 여유와 기회가 주어진다면 재무적 성과와 사회적 성과를 함께 높이는 혁신적인 방안을 발견할 수 있다. 즉 사회적 기업이 창출하는 사회적 가치에 대해 인센티브가 주어지면, 사회적 기업은 재무적 성과와 사회적 성과를 함께 높이는 혁신적인 방안을 마련할 수 있는 시간과 기회를 갖게 될 것이다.

　따라서 사회적 가치 측정·평가 기준과 사회적 가치에 연동한 인센티브 제도가 있다면, A시 행복한학교도 독립적으로 지속가능한 사회적 기업이 될 수 있을 것이다. 예를 들어 행복한학교가 창출하는 사회적 가치를 명확한 기준으로 측정해 그에 따라 인센티브를 지급하는 것이다. 그렇게 하면 A시 행복한학교는 재무적 성과와 사회적 성과를 함께 높이는 혁신의 기회를 가질 수 있을 것이다.

특히 이러한 제도는 사회적 기업 스스로 혁신할 수 있게 유도하는 마중물 역할을 하게 될 것이다. 지속적으로 인센티브를 받기 위해서는 더 많은 사회적 가치를 창출해야 하기 때문에 사회적 기업 스스로 혁신하게 될 것이다. 혁신을 통해 더 많은 사회적 가치를 창출하고, 이를 통해 더 많은 인센티브를 받는 선순환을 통해 A시 행복한학교가 교육 기회의 불평등을 해소한다는 사회적 미션을 달성하는 데 도움을 줄 수 있을 것이다. B시 행복한학교의 경우에도 내가 제안한 방안을 활용한다면 바람직한 방향으로 혁신이 일어날 것이다.

행복나래

행복나래는 사회적 기업을 돕는 사회적 기업이다. 하지만 행복나래의 전신은 영리 기업이었다. MRO코리아는 매년 1,500억 원 이상의 매출을 올리는 SK의 계열사였다. 3,000여 개의 협력사로부터 사무용품, 청소용품, 공구, 기계 부품 등 총 20만 가지에 달하는 소모성 자재를 구매해 SK 계열사를 포함한 일반 기업에 공급하는 사업을 했다.

2011년 SK는 MRO코리아의 사회적 기업 전환을 선언하고, 2012년 행복나래로 사명을 변경했다. 이어 2013년 고용노동부 사회적 기업 인증을 획득해 국내 최대 규모의 사회적 기업으로 재탄생했다.

사회적 기업의 작은 생태계를 만들다

● ● ●　　사회적 기업으로 전환된 후 행복나래는 전체 구매 물품 중에서 사회적 기업 제품의 구매 비중을 늘려나갔다. 당시 사회적 기업들은 대부분 영세했고, 경영 실적도 좋지 않았다.

2012년 당시 정부 인증 사회적 기업 700여 곳 중 83퍼센트가 영업 손실을 냈고, 17퍼센트만이 영업 이익을 내고 있었다. 영업 이익을 달성한 사회적 기업 중 5,000만 원 이하의 영업 이익을 낸 기업이 71개 업체, 5,000만 원 이상 1억 원 미만은 21개 업체, 1억 원 이상은 32개 업체에 불과했다. 이처럼 그 당시 사회적 기업들은 다른 영리 기업에 비해 매우 영세했기 때문에, 단지 사회적 기업들의 물품을 구매하는 것만으로도 사회적 기업들에게는 큰 힘이 될 수 있었다.

행복나래가 사회적 기업으로 전환하면서 사회적 기업이 처한 상황을 보다 잘 이해할 수 있었다. 행복나래와 사회적 기업 협력사들이 단순히 구매-공급자 관계가 아니라 같은 생태계 내에서 공동체 의식과 연대 의식을 나누는 협력 관계가 된 덕분이었다.

제품을 구매해주는 것만으로도 이들 사회적 기업들에게는 큰 힘이 될 수 있었지만, 행복나래는 이를 넘어 이전보다 더 많은 사회적 가치를 창출하는 것을 새로운 도전 과제로 삼았다. 이를 위해 사회적 기업들이 스스로의 혁신을 통해 지속가능성을 높여나갈 수 있는 작은 생태계를 만들었다. 단순히 돈을 많이 벌어 사회적 기업에 기부하는 것보다 생태계를 만들어주어 사회적 기업 스스로 성장할 수 있는 환경을 조성하는 것이 더 가치가 있다고 생각했기 때문이다.

이러한 생태계를 만들기 위해서는 다음 두 가지가 필요했다. 첫째, 행복나래가 사회적 기업들의 판로가 되어주는 것이다. 둘째, 보다 근본적인 지원 방법으로 행복나래가 없어도 이들 스스로 살아남을 수 있는 힘을 키워주는 것이다. 다시 말해 행복나래의 지원을 통해 사회적 기업이 제품 경쟁력을 높이고, 스스로 자생할 수 있는 생태계를 만들어주는 것이었다.

사회적 기업의 판로가 되어주기 위해 사회적 기업을 행복나래의 협력사로 편입시켰다. 이를 위해 당시 고용노동부 인증을 받은 700여 개의 사회적 기업 중에서 협력 관계 형성이 가능한 사회적 기업을 찾기 위한 전수 조사를 실시했다. 강대성 대표를 포함한 행복나래 전 직원들이 직접 발로 뛰며 해당 사회적 기업에 대한 현장 조사, 제품 평가, 대표 면담 등을 통해 납품 가능 여부를 파악해 2012년 초에 일차적으로 32개의 사회적 기업을 협력사로 선정했다. 32개 업체만 선정된 이유는 MRO 품목을 취급하는 사회적 기업이 많지 않았으며, 그중에서도 행복나래에 납품할 만큼의 역량을 갖춘 곳이 많지 않았기 때문이다.

우선구매를 넘어서

• • • 이들 사회적 기업이 실질적인 협력사로서 행복나래에 납품하기 위해서는 행복나래의 구매·공급 기준을 바꿔야 했다. 이를 위해 '우선구매 제도'를 도입했다. 우선구매 제도는 사회적 기업의 가장 큰 애로 사항인 판로 개척을 위해 사회적 기업에 가산점을 부여해 협력사 등록은 물론, 제품 구매 시 사회적 기업 제품을 우선적으로 구매할 수 있도록 하는 제도다. 이를 통해 판로 확보가 어려운 사회적 기업에게 시장을 열어주어 스스로 생존과 성장의 기반을 마련하도록 돕자는 취지였다.

당시 사회적 기업과 영리 기업은 매출액과 영업 이익 등 규모나 경영 실적에서 격차가 너무나 컸기 때문에 동일한 조건에서 경쟁이 불가능한 상황이었다. 우선구매 제도를 도입하자 행복나래에 등록된 사회적 기업 협력사가 2012년 초 32개에서 2013년 말 63개로 늘어났다. 하지만 가산점 방식은 사회적 기업의 제품이 영리 기업의 제품 대비 경쟁력을 갖출 때까지 한시적으로 부여될 것이다. 다시 말해 열악한 사회적 기업의 현실을 타개하기 위한 응급처치 수단일 뿐이다. 영리 기업과 경쟁해 살아남기 위해서는 사회적 기업 스스로의 경쟁력을 높여 자생력을 갖춰야만 한다.

행복나래는 우선구매 제도와 함께 사회적 기업 협력사의 경쟁력을 근본적으로 제고하기 위해 2014년부터 '사회적 기업 협력사 지원육성사업'을 진행하고 있다. 이 지원육성사업은 사회적 기업 협력사에서 만든 제품을 구매만 하는 것이 아니라, 사회적 기업 협력사가 우수한 품질의 제품을 만들 수 있도록 지원하는 사업이다. 2014년에는 9개 협력사를 대상 기업으로 선정해 상품 개발과 개선을 지원하고 있으며, 대상 기업 수는 매년 지속적으로 늘려나갈 계획이다.

이 사업의 지원 대상인 A사는 행복나래의 지원금으로 천연 울샴푸 시제품을 개발해 현재 고객사들로부터 제품 평가를 받고 있다. 특히 조합원 수가 국내 최대 규모인 생활협동조합의 소비자 평가단으로부터 제품을 검증받고 있고, 검증이 완료되면 해당 생활협동조합에도 제품을 납품할 수 있게 된다. 행복나래의 지원을 통해 신제품을 개발해 새로운 판로를 개척할 수 있게 된 것이다.

또한 행복나래 구성원들은 각자의 전문 역량을 바탕으로 프로보노(Pro Bono) 활동을 진행해 사회적 기업의 경쟁력을 높이는 데 기여하고 있다. 예를 들면 기업의 홈페이지가 도용당해 피해를 입은 B사는 행복나래 프로보노의 도움으로 홈페이지 보안 서버를 도입하고, 스팸 게시물의 차단과 불법적인 개인정보 수집을 방지하는 IT 서비스 개선 프로젝트를 진행할 수 있었다. 이 IT 서비스 개선 사례는 고용노동부의 우수 프로보노 사례에 선정되기도 했다.

숫자로 증명되는 선순환 효과

●　●　● 이러한 노력을 통해 행복나래를 둘러싼 작은 생태계 내에서 긍정적인 변화가 나타나고 있다. 먼저 행복나래와 거래하는 사회적 기업 협력사와 구매 품목이 큰 폭으로 증가했다. 사회적 기업 협력사는 사회적 기업 전환 이전 3개에 불과했는데, 전환 이후 연 평균 77퍼센트가 증가해 2014년에는 100개 이상의 사회적 기업이 행복나래에 납품하게 되었다.

또한 사회적 기업 협력사의 재무적 가치도 높아졌다. 2012년과 2013년 사이에 행복나래 납품액이 연간 500만 원 이상인 사회적 기업 협력사 31개 사 중 27개 사의 매출액이 증가했다. 또한 폐업에 직면했던 사회적 기업들이 행복나래에 납품을 시작하면서 점차 회생해가고 있다. 품질과 가격 면에서 경쟁력이 생기면서 고객사로부터 제품 주문이 늘어난 것이다.

행복나래가 만든 생태계를 통해 일부 사회적 기업 협력사들은 사회적 가치를 창출하는 데 더욱 매진할 수 있게 되었다. 이전에는 생존을 위해 항상 운영비를 걱정해야 했다면, 이제는 생존이 가능해졌을 뿐만 아니라 더 많은 사회적 가치도 창출할 수 있게 된 것이다. 어떤 사회적 기업 협력사는 죽느냐 사느냐의 위기 상황에서 극적으로 벗어나 이제는 더 많은 사회적 가치를 창출하고 있다.

친환경 농수산물을 판매하고 노숙인에게 일자리를 창출하고 있는 C사는 행복나래의 협력사가 되기 전에는 폐업을 심각하게 고려하고 있었다. 하지만 행복나래의 2012년 '추석명절 맞이 사회적 기업 선물 특별전'을 통해 그해 전체 매출의 10퍼센트에 해당하는 규모의 매출을 한꺼번에 올리면서 자금이 회전되어 도산 직전에 극적으로 살아났다. 그 후 행복나래와의 지속적인 거래를 통해 경영이 안정되면서 취약계층을 추가로 고용하기에 이르렀다. 뿐만 아니라 행복나래와 함께 '몰래 산타 이벤트'를 진행해 취약계층 1,600세대에 성탄맞이 선물 꾸러미를 전달하기도 했다.

소형 가전제품을 수거하며 취약계층에게 일자리를 창출하고 있는 D사도 행복나래의 지원을 통해 기업의 성장을 가로막는 제약을 극복할 수 있었다. 이 기업은 화장실을 개조해 사무실로 사용할 정도로 작업장이 협소하고 낙후되어 수거한 재활용품을 보관하는 데도 어려움이 많았다. 하지만 행복나래의 자금 지원을 통해 공장을 새로 지을 수 있었고, 많은 양의 재활용품 처리가 가능해 기존에 재활용품을 수거해오던 구청 외에 인근 4개 구청에서도 추가로 재활용품을 공급받을 수 있게 되었다. 그리고 재활용품 수거 규모가 커진 만큼 취약계층을 추가로 고용할 수 있게 되었다. 이처럼 행복나래가 창출한 생태계를 통해 사회적 기업들이 생존의 문제에서 벗어나 기업을 성장시키고 더 많은 사회적 가치를 창출하는 데 매진하는 사례들이 나타나고 있다.

높이 날아오르기 위한 제언

• • • 　행복나래가 사회적 기업으로 전환한 동기가 진정으로 사회적 가치를 추구하려는 이타적인 동기임을 잘 인식할 수 있었던 행복나래 내부 구성원들의 변화가 가장 먼저 시작되었다. 이 변화는 협력사 구성원, 고객사 구성원 등 이해관계자들에게도 영향을 미쳤다. 사회적 기업으로 전환하기 전, 이해관계자들은 단지 영

리를 목적으로 각자의 이익을 극대화하면서 서로 손해를 보지 않기 위해 노력했다. 하지만 행복나래 구성원의 태도가 변화하면서 영리를 목적으로 하는 관계가 협력을 목적으로 하는 관계로 바뀌게 되었다.

이해관계자들은 기존의 영리적 관계를 넘어서서 함께 사회적 가치를 만들 수 있다는 가능성을 확인하게 되었고, 실제 협력을 통해 창출되는 사회적 가치가 가시화되면서 기존 관계는 더욱 빠르게 변해갔다. 이를 통해 구성원, 주주, 협력사, 고객사, 그리고 외부 사회에까지도 긍정적인 행동 변화가 일어났으며, 서로 간에 상승작용을 일으켜 더욱 큰 긍정적인 변화를 만들 수 있었다. 이것이 행복나래가 사회적 기업으로 전환되며 당초 기대했던 효과보다 더 큰 효과를 만들어낸 백색효과의 힘이다.

행복나래를 통해 확인할 수 있었던 가장 중요한 시사점은 행복나래가 만든 작은 사회적 기업 생태계의 효과를 확인할 수 있었다는 점이다. 비록 하나의 기업이 만든 작은 생태계였지만, 사회적 기업의 양적 증가가 일어난다는 점을 확인할 수 있었다.

행복나래의 생태계 조성을 통해 협력사로 편입된 사회적 기업은 단시일에 3개에서 100여 개로 증가했다. 또한 행복나래가 조성한 생태계에 진입한 사회적 기업 협력사들은 재무적 성과가 증대되면서 생존 문제를 상당 부분 극복할 수 있었다. 재무적 가치가 증대됨으로써 기업이 지속가능해지고, 이에 따라 지속적으로 사회적 가치가 창출될 수 있는 기반이 마련되었다.

이 두 가지는 행복나래가 조성한 사회적 기업 생태계를 통해 검증된 사실이다. 하지만 다음 두 가지는 확인할 수 없었다.

첫째, 행복나래의 생태계 조성을 통해 사회적 기업이 새롭게 창업하는 효과는 확인할 수 없었다. 그 이유는 행복나래가 새로운 사회적 기업의 창업을 유도할 만큼의 인센티브를 제공하지는 않았기 때문이다. 또한 행복나래의 생태계가 아직까지 널리 알려진 것도 아니기 때문이다. 그렇다 보니 행복나래가 조성한 생태계를 통해 사회적 기업의 창업을 시도하는 현상은 나타나지 않았다. 하지만 행복나래의 사회적 기업 우대 정책과 인센티브를 접한 뒤 일반 기업, 사회복지기관, 청년 벤처 기업의 담당자들이 행복나래를 직접 찾아와 사회적 기업으로의 전환이나 사회적 기업 인증 취득을 위한 준비 절차에 대해 컨설팅을 요청하는 사례가 늘고 있다.

둘째, 아직까지 사회적 기업 협력사의 사회적 가치가 혁신적으로 많이 창출된 사례도 확인하기 어려웠다. 다시 말해 재무적 가치의 창출을 통해 사회적 가치를 유지하거나 어느 정도 높이는 효과는 확인할 수 있었지만, 동기 변화에 의해 사회적 가치를 혁신적으로 더 높이는 사례는 확인되지 않고 있다.

이 같은 효과가 나타나지 않은 이유는 행복나래가 만든 생태계에 아직 사회적 가치를 측정할 수 있는 기준이 마련되어 있지 않고, 이를 바탕으로 한 인센티브 시스템이 마련되지 못했기 때문이라고 생각한다. 구매 제도를 살펴봐도 이러한 문제를 확인할 수 있다. 지금은 사회적 가치 측정 기준이 없다 보니 단순히 사회적 기업에 대해 가산점만 주는 실정이다. 하지만 이는 경쟁력이 부족한 사회적 기업을 위한 일시적인 처방일 뿐 사회적 가치를 직접적으로 증대시킬 수 있는 근본적인 방법은 될 수 없다.

사회적 가치 측정 기준이 도입된다면, 더 많은 사회적 가치를 만들어내는 사회적 기업에 더 많은 인센티브를 제공할 수 있게 될 것이다. 다시 말해 단순히 사회적 기업이기 때문에 가산점을 주는 것이 아니라, 산술적으로 평가된 사회적 가치가 정식으로 구매 평가 기준에 포함될 수 있다는 의미다. 이렇게 되면 사회적 기업이 영리 기업에 비해 재무나 운영 측면에서 경쟁력이 떨어지더라도 사회적 가치 창출에서 경쟁력이 있기 때문에 영리 기업과도 경쟁해볼 만한 역량을 갖추게 될 것이다. 이러한 환경이 조성되어야만 진정으로 사회적 기업들이 스스로 경쟁력을 갖추고 생존할 수 있는 생태계가 마련되는 것이다.

행복나래의 실험은 아직도 진행형이다. 행복나래를 사회적 기업으로 전환할 당시 사회적 기업 생태계의 밀알이 될 것이라고 확신했다. 이를 위해서는 행복나래의 규모도 더 커지고, 행복나래가 만든 생태계의 크기도 더 커져야 한다. 2013년 SK를 직접 방문했던 유누스 교수도 행복나래 모델은 전 세계적으로 통하는 모델이며, 글로벌 시장에서 성장이 가능한 모델이라고 말했다. 행복나래가 글로벌하게 규모를 키워 사회적 가치를 더 많이 만들수록 행복나래의 생태계에 속한 사회적 기업들에게도 더 많은 가치가 돌아갈 것이다. 실제로 행복나래는 2013년 중국 쑤저우(蘇州)에 현지 법인을 설립하고 영업을 시작했으며, 중국 현지에 적합한 사회적 기업 모델로 발전시켜나갈 계획이다. 행복나래는 생태계 밖으로도 점점 더 기분 좋은 변화를 확산시킬 것이다.

세 가지 사례에서 얻은 교훈

● ● ●　　지금까지 소개한 세 가지 경험을 통해 나는 사회적 기업에 대한 확신과 희망을 얻게 되었다. 사회적 기업이 부딪히는 현장의 문제는 매우 다양하지만 사회적 기업은 일반 기업처럼 혁신을 통해 다양한 문제를 해결해나갈 수 있다.

또한 혁신을 통해 보다 적은 비용으로 사회 문제를 해결할 수 있기 때문에, 이러한 비용 절감은 결국 정부 예산의 절감으로 이어질 수 있다. 사회적 기업은 다양한 방향으로 혁신을 하게 되는데, 그 결과 사회적 기업 생태계의 다양성도 더 커질 수 있다. 다양한 혁신의 방향성 중에는 정부가 미처 생각하지 못한 새롭고 효과적인 해법도 등장할 수 있을 것이다. 이를 통해 보다 효과적으로 사회 문제를 해결할 수 있는 방법도 찾을 수 있을 것이다.

이 책에서 제시한 세 가지 사례는 혁신의 필요성과 혁신의 방향, 그리고 사회적 기업 생태계와 백색효과의 중요성을 잘 보여주고 있다.

예를 들어 행복도시락은 혁신의 필요성을 잘 보여주는 사례다. 행복도시락 센터들은 당장의 생존도 불투명한 상황에서 혁신을 통해 경쟁력을 확보하고 새로운 시장에 진출해 지속가능성을 높일 수 있었다. 더 나아가 편의성만 내세우고 아이들의 건강이나 보살핌은 뒷전인 일부 아동 급식 체계와 달리 행복도시락은 배송 네트워크의 장점을 이용해 결식과 결핍 문제를 근본적으로 해결하려고 노력하고 있다. 하지만 사회적 가치가 제대로 측정·평가되지 않는다면 이 같은 행복도시락의 혁신은 수포로 돌아갈 우려가 있다.

행복한학교는 사회적 기업이 지속적으로 추진해야 하는 혁신의 방향을 잘 보여주는 사례다. 행복한학교는 이해관계자들의 요구에 따라 지역마다 서로 다른 모델이 만들어졌다. 그중 한 학교는 취약계층 학생들에게 많은 교육 기회를 제공하는 등 높은 사회적 가치를 창출하고 있지만 지속가능성이 매우 낮은 한계가 있다. 만약 이 행복한학교가 창출하는 사회적 가치가 제대로 측정되고 이에 따른 인센티브가 주어진다면, 지속가능성을 높이면서 더 큰 사회적 가치를 만들어내는 데 매진할 수 있을 것이다. 뿐만 아니라 그렇게 되면 방과후학교 모델이 진화·발전해 우리 사회의 심각한 공·사교육 문제를 근본적으로 해결하는 동력이 제공될 수도 있다고 생각한다.

행복나래는 사회적 기업 생태계 조성의 필요성과 백색효과의 확산 가능성에 눈을 뜨게 했다. 행복나래가 사회적 기업으로 전환하고 사회적 기업 생태계를 활성화하기 위해 애쓰는 모습을 지켜본 종업원, 주주, 협력사, 고객사, 잠재적인 고객들 사이에서 이전에는 생각지도 못했던 긍정적인 변화가 나타나는 등 '백색효과'가 예상보다 훨씬 강력한 영향력을 발휘한다는 것도 알게 되었다.

1

사회적 기업 활동을 본격적으로 시작한 지도 만 5년이 넘었다. 그동안 사회적 기업 활동을 하면서 사회적 기업가와 현장의 전문가, 사회적 기업을 연구하는 학자들 등 다양한 사람들을 만났다. 이들은 물론이고, 심지어 SK 내부의 구성원들이 공통적으로 한 질문이 있다. 그들은 '대기업 회장인 내가 왜 직접 사회적 기업을 설립하고 운영하는지' 궁금해했다. 여기엔 대기업 회장에 대한 선입견이 깔려 있었다.

하지만 나는 사회적 기업에 대해 단순한 관심이나 애정 이상의 열정을 쏟고 있다. 오히려 사회적 기업에 대해 일종의 소명 의식을 갖고 있다. 사회적 기업에서 선친의 가르침을 잇는 기업이 추구해야 할 가치, 나아가 우리 모두가 꿈꾸는 '푸른 사회'의 싹을 보았기 때문이다. 사회 문제가 끊임없이 증폭되고 있는 현실에서 이를 제

때 효율적으로 해결할 '맞춤형 해결사'는 바로 사회적 기업이란 확신이 들었다.

하지만 연구 보고서만 읽어서는 사회적 기업이 처한 현실은 물론이고, 사회적 기업 활용 방안을 제대로 알 수 없었다. 사회적 기업가나 전문가를 만나 의견을 듣는 데도 한계가 있었다. 그래서 여러 가지 형태의 사회적 기업을 직접 운영해봄으로써 사회적 기업의 현실에 부딪혀보는 것이 무엇보다 필요하겠다는 판단이 섰다.

이를 실행하는 과정에서 사회적 기업이 창출하는 사회적 가치가 제대로 측정되고 평가된다면, 그리고 이를 바탕으로 인센티브 제도를 마련한다면 자생력 확보, 건강한 생태계 조성, 궁극적으로는 더 많은 사회 문제의 효율적 해결이 가능하리라는 확신을 갖게 되었다.

사회적 기업 생태계의 폭발적 성장과 활성화를 위한 내 제안의 핵심은 SPC(금전적 인센티브)의 도입이다. 이는 내 어릴 적 경험에서 착안한 것이다. 어릴 적 나와 내 동생이 구두를 닦으면 선친께서는 100원, 마당을 쓸면 200원, 세차를 도우면 300원을 주셨다.

이럴 때 주는 상금 혹은 용돈의 의미가 무엇이고, 정당한 것인지 어린 아이였던 나는 그다지 깊이 생각한 적이 없고, 그저 착한 일 혹은 뭔가 도움이 되는 일을 할 수 있다는 점이 기쁘고 자랑스러웠을 뿐이다. 게다가 용돈까지 생기니 더 신이 나서 그 일을 했던 것이다. 이를 통해 어떤 일이 더 가치가 있는 심부름인지(부모님이 더 기뻐하시는 일인지)도 확실히 배웠다. 물론 철이 들어서는 부모님께서 기뻐하시고 칭찬해주실 거라 믿고 스스로 알아서 심부름을 했다.

같은 원리를 사회적 기업들에게도 적용한다면 지속가능성과 사회적 가치 실현이라는 두 마리 토끼를 모두 잡을 수 있다는 생각에 이를 구체화한 것이 SPC다. 물론 금전적 보상으로 착한 일을 유도하자는 내 제안에 거부감을 느낄 수도 있다.

다시 내 어릴 적 이야기를 하자면, 만약 아버지께서 용돈을 주시지 않으셨더라도 심부름을 하기는 했을 것이다. 하지만 그 횟수가 돈을 주셨을 때보다는 현저히 적었을 것이다. 지금 회상해봐도 그 상금은 내가 착한 일을 더 많이 하도록 하는 동기였음을 부인할 수 없다. 또한 철이 든 후에는 상이 없어도 아버지 심부름은 그냥 해드렸고, 나중에는 자발적으로 아버지의 필요를 살펴서 심부름을 하게 되었다. 이와 마찬가지로 사회적 기업도 금전적 동기만을 가진 것이 아니라 사회가 보다 성숙해짐에 따라 이타적, 자발적인 모습으로 진화하게 될 것이다.

사회적 가치 측정 기준과 SPC와 같은 인센티브 제도가 도입되면 사회적 기업이 폭발적으로 늘어나 우리 사회의 사회 문제 해결 역량이 커질 것이다. 사회적 기업들은 재무적 지속가능성을 달성하는 데 대부분의 시간을 뺏기던 어려움에서 벗어나 사회적 가치를 높이는 혁신에 매진할 수 있고, 사회적 기업에 대한 투자가 증가할 것이며, 더 많은 인재가 사회적 기업 생태계로 유입되는 선순환이 일어날 것이다. 결과적으로 사회 문제를 획기적으로 해결하는 전기(轉機)가 마련될 것이라는 이야기다.

물론 인센티브 제도는 그 자체로만은 지속가능한 방법은 아니다. 그래서 제도의 지속가능성을 높이는 것은 물론, 근본적으로 사회 문제가 해결되는 세상을 만들기 위해서는 이타적인 사람들의 숫자를 늘려야 한다. 나는 이타적 동기에 의해 움직이는 사회적 기업가가 반드시 필요하고, 이들이 사회적 기업의 생태계를 건강하게 유지시켜주고 빗나간 제도를 복원시켜주는 소금이 될 것이라고 믿는다. 이타적인 사람을 육성해 일정 수준에 이루도록 하는 것이야말로 어쩌면 인센티브 제도의 도입보다도 더 중요한 우리 사회가 추구해야 할 방향일지 모른다.

다만 이타적인 사람을 육성하는 일은 인센티브 제도의 도입과는 차원을 달리하는 어렵고 장기적인 과제다. 그럼에도 불구하고 이타적인 사람을 육성하는 일은 후회 없이 반드시 추구해야 할 일(No Regret Move)이라고 생각한다. 인센티브 제도가 이타적인 사람을 육성하는 일과 함께 병행해 추진된다면 서로가 보완적으로 사회 문제 해결을 앞당길 가능성이 높아질 것이다.

2

다보스 포럼에서 노벨평화상 수상자인 유누스 교수를 만나 한참 동안 SPC의 개념에 대해 설명한 일이 있다. 비록 사회적 기업관은 나와 궤를 달리했지만, 유누스 교수는 얘기를 다 듣고 웃으며 많은 사람이 열정을 가지고 사회적 기업을 위해 노력하는 모습이 아름답다고 했다.

그때 내 마음속에 또 다른 깨달음이 있었다. SPC 이론에 없던 이타적 동기에 관한 착상이 떠오르면서 그 뒤로 나는 양립 불가능할지 모를 두 가지 생각을 결합하려 시도했고, 이후 종교적인 경험까지 덧입혀 현재의 생각에 이르렀다.

자칫 자화자찬으로 들릴 우려를 무릅쓰고 책을 쓴 것은 SK의 경험과 거기서 얻은 교훈을 정리하면 나름 의미가 있을 것이라 판단해서다. 더 살기 좋은 사회를 가꾸는 방안의 하나로 사회적 기업이 여러모로 유용하다는 사실은 분명해졌다. 그렇다면 사회적 기업을 어떻게 활성화할 것인지에 대한 사회적 합의를 이루는 논의의 시발점 구실을 할 수 있으리라 기대한다. 적어도 사회적 기업을 운영하는 기업가, 창업을 준비하는 분들의 시행착오를 줄이는 데 기여할 수 있을 것으로 믿는다.

물론 이 책에 담긴 내 제안이 사회 문제를 해결하는 기막힌 새로운 묘안은 아니다. 그런 만큼 비록 내 제안에 전적으로 동의하지는 않더라도, SPC가 사회적 기업을 활성화시킬 가능성 있는 제안이라고 공감해주는 분이 생겨난다면 나로서는 그것만큼 기쁜 일도 없을 것이다.

끝으로 어떤 방법을 쓰더라도 사회가 좋은 방향으로 변하지 않을 거라고 말하는 회의론자들에게 '뜻이 있는 곳에 길이 있다'라는 말을 꼭 전하고 싶다. 우리 모두가 꿈꾸는 세상을 만들려는 작은 실천들이 모여 세상을 바꿀 수 있으리라 나는 믿는다. 그리고 희망한다. 이 책이 그 길을 향한 작은 첫걸음이 될 수 있기를, 그리고 그 길을 걷는 첫발에 도움을 주신 모든 분들께 지면으로나마 감사를 드린다. 그리고 지금 이 순간에도 사회적 가치를 위해 애쓰는 사회적 기업가 여러분에게도 진심으로 감사를 드린다.

마지막으로 이 책을 쓰는 동안 끊임없이 영감을 불어넣어주신 주님께 이 책을 바칩니다.

새로운 모색,
사회적 기업

초판 1쇄 발행 | 2014년 10월 13일
초판 2쇄 발행 | 2014년 10월 21일

지은이 | 최태원
발행인 | 김우진
발행처 | 이야기가있는집
등록 | 2014년 2월 13일 · 제 2014-000062호
주소 | 서울시 마포구 월드컵북로 375, 2306 (DMC 이안오피스텔 1단지 2306호)
전화 | 02-6215-1245
팩스 | 02-6215-1246
전자우편 | editor@thestoryhouse.kr

ⓒ 최태원, 2014

ISBN 979-11-952471-4-1 (03320)